中國農村合作
金融機構全面風險管理

周脈伏、周蘭 編著

財經錢線

序　言

　　商業銀行（含農村合作金融機構）的本質是經營風險，風險管理水準影響著銀行的盈利水準，也在很大程度上決定了銀行的生死存亡。由此可見風險管理對銀行類金融機構的重要性。隨著中國農村金融體制改革的深入，將會有越來越多的農村金融機構誕生。農村金融業發展的巨大前景同現有金融機構的管理水準之間尚有不小的距離。在金融風險管理方面，許多農村金融機構風險管理者尚缺乏全面風險管理的相關知識，對風險的管理還停留在粗放的和定性管理的水準上，沒有掌握現代風險管理的科學方法，致使風險管理的科學水準較低。為了提高農村金融機構風險管理者的管理水準，我們編著了《農村合作金融機構全面風險管理》一書，旨在從全面風險管理和定性與定量相結合的角度，為農村金融機構風險管理者提供一本有重要參考價值的教材。本書對各類風險管理的分析遵從風險的界定與分類、風險的識別與計量、風險的監控與報告以及風險的防範與化解的範式，注重實用，力圖為實際工作者提供一本操作性較強的參考書。

目 錄

第一章　金融風險管理概論 …………………………（1）
第一節　金融風險概述 ………………………………（1）
一、金融風險的含義 …………………………………（1）
二、金融風險的分類 …………………………………（2）
第二節　金融風險管理的興起和發展 ………………（5）
第三節　金融風險管理的流程 ………………………（7）
第四節　金融風險管理的主要策略 …………………（9）
一、風險規避策略 ……………………………………（9）
二、風險分散策略 ……………………………………（10）
三、風險消減策略 ……………………………………（10）
四、風險轉移策略 ……………………………………（11）
五、風險補償策略 ……………………………………（11）
第五節　金融風險管理的組織結構 …………………（12）
一、董事會及最高風險管理委員會 …………………（12）
二、監事會 ……………………………………………（13）
三、高級管理層 ………………………………………（14）
四、風險管理部門 ……………………………………（15）
五、其他風險控制部門 ………………………………（15）
第六節　巴塞爾風險管理體系 ………………………（16）

第二章 信用風險管理 …………………………………… (18)

第一節 信用風險概述 ………………………………… (18)
一、信用風險的定義 ………………………………… (18)
二、信用風險產生的原因 …………………………… (19)
三、信用風險的特徵 ………………………………… (22)
四、信用風險和信貸風險的比較 …………………… (23)

第二節 信用風險的識別 ……………………………… (24)
一、財務分析法 ……………………………………… (24)
二、現金流量分析法 ………………………………… (26)
三、非財務分析法 …………………………………… (26)

第三節 信用風險的度量 ……………………………… (27)
一、傳統度量方法 …………………………………… (28)
二、現代主要風險計量模型 ………………………… (33)
三、《巴塞爾新資本協議》計量信用風險的方法
………………………………………………………… (43)

第四節 信用風險的監測與報告 ……………………… (47)
一、信用風險的監測對象 …………………………… (47)
二、信用風險監測的主要指標 ……………………… (49)
三、風險報告 ………………………………………… (52)

第五節 信用風險的控制 ……………………………… (53)
一、限額管理 ………………………………………… (54)
二、信用風險緩釋 …………………………………… (55)
三、關鍵業務環節控制 ……………………………… (61)

第三章　市場風險管理 …………………………………（65）
第一節　市場風險概述 …………………………………（65）
一、市場風險的定義 …………………………………（65）
二、市場風險的分類 …………………………………（66）
第二節　市場風險的識別 ………………………………（72）
一、即期 ………………………………………………（73）
二、遠期 ………………………………………………（73）
三、期貨 ………………………………………………（76）
四、互換 ………………………………………………（78）
五、期權 ………………………………………………（79）
第三節　市場風險的計量 ………………………………（82）
一、基本概念 …………………………………………（82）
二、市場風險計量方法 ………………………………（91）
第四節　市場風險的監測與報告 ………………………（104）
第五節　市場風險的控制 ………………………………（107）
一、限額管理 …………………………………………（107）
二、風險對沖 …………………………………………（109）
三、經濟資本配置 ……………………………………（110）

第四章　操作風險管理 …………………………………（112）
第一節　操作風險概述 …………………………………（113）
一、操作風險的定義 …………………………………（113）
二、操作風險產生的原因 ……………………………（113）
三、操作風險的特徵 …………………………………（115）
四、操作風險的分類 …………………………………（117）

第二節　操作風險的識別 …………………… (122)
　　第三節　操作風險的度量 …………………… (124)
　　　一、基本指標法 …………………………… (125)
　　　二、標準法 ………………………………… (126)
　　　三、替代標準法 …………………………… (128)
　　　四、高級計量法 …………………………… (128)
　　第四節　操作風險的監測與報告 …………… (134)
　　　一、風險誘因/環節 ……………………… (134)
　　　二、關鍵風險指標 ………………………… (134)
　　　三、風險報告 ……………………………… (138)
　　第五節　操作風險的控制 …………………… (139)
　　　一、操作風險控制環境 …………………… (139)
　　　二、操作風險緩釋 ………………………… (142)

第五章　流動性風險管理 ……………………… (146)
　　第一節　流動性風險概述 …………………… (146)
　　　一、流動性風險的定義 …………………… (146)
　　　二、流動性風險形成的原因 ……………… (147)
　　　三、流動性風險的分類 …………………… (148)
　　第二節　流動性風險識別 …………………… (149)
　　　一、資產負債期限結構 …………………… (150)
　　　二、幣種結構 ……………………………… (151)
　　　三、分佈結構 ……………………………… (152)
　　第三節　流動性風險計量 …………………… (153)
　　　一、指標法 ………………………………… (154)

二、現金流分析法 …………………………（157）
　　三、其他評估方法 …………………………（158）
　第四節　流動性風險監測與控制 ………………（162）
　　一、流動性風險預警 ………………………（162）
　　二、壓力測試 ………………………………（163）
　　三、情景分析 ………………………………（165）
　　四、內部控制 ………………………………（166）
　　五、應急計劃 ………………………………（167）

第六章　其他風險管理 ……………………………（170）
　第一節　聲譽風險管理 …………………………（170）
　　一、聲譽風險管理的內容 …………………（171）
　　二、聲譽風險管理的基本做法 ……………（172）
　第二節　戰略風險管理 …………………………（177）
　　一、戰略風險管理的作用 …………………（178）
　　二、戰略風險管理的基本做法 ……………（178）

第七章　風險管理文化 ……………………………（185）
　　一、風險管理文化的內涵 …………………（185）
　　二、風險管理文化的作用 …………………（186）
　　三、構建先進的風險管理文化 ……………（188）

參考文獻 …………………………………………（197）

第一章 金融風險管理概論

近年來，隨著科技和商業活動的發展，金融創新一日千里，資本市場之間的聯繫更加緊密，銀行風險管理水準大大提高。尤其是大型綜合性銀行，可以不斷調整資產組合，使其既不違反現行的資本標準，又能在金融市場進行套利。這些變化導致老《巴塞爾資本協議》在部分發達國家已名存實亡。金融是現代經濟的核心，金融的健康平穩發展是保證國民經濟持續穩定發展的重要前提。因此，對金融風險管理策略的研究，對於防範和規避金融風險、確保資金安全、提高資金效益具有十分重要的意義。

第一節 金融風險概述

一、金融風險的含義

金融風險，指任何有可能導致企業或機構財務損失的風險。一家金融機構發生的風險所帶來的後果，往往超過對其自身的影響。金融機構在具體的金融交易活動中出現的風險，有可能對該金融機構的生存構成威脅；某家金融機構因經營不善而出現危機，有可能對整個金融體系的穩健運行構成威脅；一旦發生系統風險，金融體系運轉失靈，必然會導

致全社會經濟秩序混亂，甚至引發嚴重的政治危機。

二、金融風險的分類

針對國際金融領域的變化，1999年6月，巴塞爾銀行監管委員會決定對老《巴塞爾資本協議》進行修訂。新協議提出了一個能對風險計量更敏感並與當前市場狀況相一致的新資本標準，明確將市場風險和經營風險納入風險資本的計算和監管框架，並要求銀行對風險資料進行更多的公開披露，從而使市場約束機制成為監管的有益補充。此外，在計算信用風險的標準法中，新協議採用評級公司的評級結果確定風險權重，廢除以往以經合組織成員確定風險權重的做法，同時允許風險管理水準較高的銀行使用自己的內部評級體系計算資本充足率。

一般來說，按照風險來源的不同，金融風險主要可以分為以下幾種類型：

（1）信用風險是由於債務人或市場交易對手的違約（無法償付或者無法按期償付）影響金融產品價值而給債權人或金融產品持有者造成損失的可能性。幾乎所有的金融交易都涉及信用風險問題，除了傳統的金融債務和支付風險外，近年來，隨著網絡金融市場（如網上銀行、網絡超市等）的日益壯大，網絡金融信用風險問題也變得突出起來。

（2）市場風險是由於市場因素（如利率、匯率、股價以及商品價格等）的波動而導致金融參與者的資產價值發生不利變化的可能性。這些市場因素對金融參與者造成的影響可能是直接的，也可能是通過其競爭者、供應商或者消費者而

第一章　金融風險管理概論

造成的間接影響。市場風險包括利率風險、匯率風險、股票風險和商品風險四種，其中利率風險最為重要。利率風險是指利率變化使商業銀行的實際收益與預期收益或實際成本與預期成本發生背離，使其實際收益低於預期收益，或實際成本高於預期成本，從而使商業銀行遭受損失的可能性。

（3）流動性風險是金融參與者由於資產流動性降低而導致損失的可能性。當金融參與者無法通過變現資產，或者無法使資產作為現金等價物來償付債務時，流動性風險就會發生。流動性風險包括資產流動性風險和負債流動性風險。資產流動性風險是指資產到期不能如期足額收回，進而無法滿足到期負債的償還和新的合理貸款及其他融資需要，從而給金融機構帶來損失的風險。負債流動性風險是指金融機構過去籌集的資金特別是存款資金，由於內外因素的變化而發生不規則波動，對其產生衝擊並引發相關損失的風險。金融機構籌資能力的變化可能影響原有的籌融資安排，迫使金融機構被動地進行資產負債調整，造成流動性損失。

（4）操作風險是由於金融機構的交易系統不完善，管理失誤或其他一些人為錯誤而導致金融參與者潛在損失的可能性。操作風險可分為人員因素、內部流程、系統缺陷和外部事件四大類別，並由此分為內部詐欺，外部詐欺，就業制度和工作場所安全事件，客戶、產品和業務活動事件，實物資產損失，信息科技系統事件，執行、交割和流程管理事件七種可能造成實質性損失的事件類型。目前對操作風險的研究與管理正日益受到重視：從定性方面看，各類機構不斷通過努力完善內部控制方法來減少操作風險的可能性；從定量方

面看，它們已將一些其他學科的成熟理論（如運籌學方法）引入到了對操作風險的精密管理當中。

（5）國家風險是指在國際經濟活動中，由於國家的主權行為而引起的造成損失的可能性。國家風險是由國家主權行為所引起的或與國家的社會變動有關。在主權風險的範圍內，國家作為交易的一方，通過其違約行為（例如停付外債本金或利息）直接構成風險，通過政策和法規的變動（例如調整匯率和稅率等）間接構成風險。在轉移風險範圍內，國家不一定是交易的直接參與者，但國家的政策、法規卻影響著該國內外的企業或個人的交易行為。

（6）聲譽風險是指由商業銀行經營、管理及其他行為或外部事件導致利益相關方對商業銀行負面評價的風險，是由於社會評價降低而對行為主體造成危險和損失的可能性。良好的聲譽是一家銀行多年發展累積的重要資源，是銀行的生存之本，是維護良好的投資者關係、客戶關係以及信貸關係等諸多重要關係的保證。良好的聲譽風險管理對增強競爭優勢、提升商業銀行的盈利能力和實現長期戰略目標起著不可忽視的作用。

（7）法律風險是指商業銀行因日常經營和業務活動無法滿足或違反法律規定，導致不能履行合同、發生爭議或其他法律糾紛而造成經濟損失的可能性。根據《巴塞爾新資本協議》，法律風險是一種特殊類型的操作風險，它包括但不限於因監管措施和解決民商事爭議而支付的罰款、罰金或者懲罰性賠償所導致的風險敞口。從狹義上講，法律風險主要關注商業銀行所簽署的各類合同、承諾等法律文件的有效性和

可執行能力。從廣義上講，與法律風險相類似或密切相關的風險有外部合規風險和監管風險。

（8）戰略風險是指在追求短期商業目的和長期發展目標的過程中，因不適當的發展規劃和戰略決策造成損失和不利影響的可能性。戰略風險主要體現在四個方面：一是戰略目標缺乏整體兼容性；二是為實現這些目標而制定的經營戰略存在缺陷；三是為實現目標所需要的資源匱乏；四是整個戰略實施過程的質量難以保證。

第二節　金融風險管理的興起和發展

金融風險管理的產生與發展主要得益於以下三個方面的原因：首先，在過去的三十多年時間內，世界經濟與金融市場的環境和規則都發生了巨大的變化。金融市場大幅波動的頻繁發生，催生了對金融風險管理理論和工具的需求；其次，經濟學特別是金融學理論的發展為金融風險管理奠定了堅實的理論基礎；最後，計算機技術的迅猛發展為風險管理提供了強大的技術支持與保障。

過去三十多年間，世界經濟環境主要發生了以下兩個方面的變化：首先，第二次世界大戰結束以後，世界經濟一體化的浪潮席捲全球。世界各國的經濟開放程度逐漸提高，任何國家的經濟發展都受到外部經濟環境的制約。其次，20世紀70年代初，布雷頓森林體系的崩潰，宣告了世界範圍內的固定匯率制度的衰落。從此以後，公司以及個人就必須要面對各種各樣日益頻繁發生的金融風險了。特別是在過去短短

的十多年內，爆發了幾次震驚世界的大規模金融危機，如1987年美國的「黑色星期一」大股災、1990年的日本股市危機、1992年的歐洲貨幣危機、1994—1995年的墨西哥比索危機、1997年的亞洲金融風暴以及1998年長期資本管理公司的倒閉等。這些事件的發生給世界經濟和金融市場的健康發展造成了巨大的破壞，同時也使人們意識到了金融風險管理的必要性和緊迫性。

20世紀70年代以後，新古典經濟學占據了經濟學研究的主流地位。新古典經濟學建立了一套基於信息和不確定性的經濟分析框架，從而使人們對傳統的經濟發展理論和模式進行了重新審視。同時，20世紀60年代以後，金融學作為一門獨立學科的地位得以確立。期間產生了大量為廣大金融學理論界和實務界廣泛接受和運用的經典金融理論和模型，比如，20世紀60年代由被稱為「有效資本市場之父」的Fama提出的「有效市場假說」，夏普和林特納等人創立的「資本資產定價模型」（CAPM），羅斯的「套利定價模型」（APT）以及布蘭科—斯科爾斯的期權定價理論等。上述經濟和金融理論的確立，為金融風險管理理論和工具的發展奠定了堅實的理論基礎。同時，計算機硬件技術和軟件開發能力的迅猛發展，使人們有能力運用數學模型、數值計算、網絡圖解、仿真模擬等手段來解決各種金融風險管理問題，從而直接導致了20世紀80年代一門新興學科——金融工程學的產生和發展。

第一章　金融風險管理概論

第三節　金融風險管理的流程

金融風險管理是一個十分複雜的過程。根據金融風險管理過程中各項任務的基本性質，可以將整個金融風險管理的程序分為六個階段：

（1）金融風險的度量。金融風險的度量，就是鑑別金融活動中各項損失的可能性，估計可能損失的嚴重性。金融風險的度量包括：①風險分析，包括分析各種風險暴露，如哪些項目存在金融風險，受何種金融風險的影響；各種資產和負債受到金融風險影響的程度；分析金融風險的成因和特徵，分清哪些風險可以迴避，哪些風險可以分散，哪些風險可以減少。②風險評估，包括預測和衡量金融風險的大小，確定各種金融風險的相對重要性，明確需要處理的緩急程度，以此對未來可能發生的風險狀態、影響因素的變化趨勢作出分析和判斷。例如，經營風險的概率是離散的，所以風險結果也是離散的。非事故性風險，如利率變動、匯率變動，風險發生的可能性是連續的，所以風險的估計要求連續的概率分佈。

（2）風險管理對策的選擇和實施方案的設計。在完成準確的風險度量之後，管理者必須考慮金融風險的管理策略。對於不同的金融風險，可以採取不同的策略。風險管理的方法一般分為控制法和財務分析法。所謂控制法，是指在損失發生之前，運用各種控制工具，力求消除各種隱患，減少風險發生的因素，將損失的後果減輕到最低程度。所謂財務分

析法，是指在風險事件發生後已經造成損失時，運用財務工具，比如存款保險基金，對損失的後果給予及時的補償，促使其盡快地恢復。

（3）金融風險管理方案的實施和評價。金融風險管理方案確定後，必須付諸實現。金融風險管理方案的實施，直接影響著金融風險管理的效果，也決定了金融風險管理過程中內生風險的大小。因此，它要求各部門互相配合和支持，以保證方案的順利實施。金融風險管理方案的實施和評價是指不斷通過各種信息反饋檢查風險管理決策及其實施情況，並視情形不斷地進行調整和修正，以便更加接近風險管理的目標。

（4）風險報告。這是指金融企業定期通過其管理信息系統將風險報告給其董事會、高級管理層、股東和監管部門的程序。風險報告應滿足以下幾方面的要求：①輸入的數據必須準確有效。必須經過復查和校對，來源於多個渠道的數據才能確認。②應具有實效性。風險信息的收集和處理必須高效準確。③應具有很強的針對性。向不同的部門提供不同的報告，如資產組合分析報告、操作風險評估報告等。近年來，監管部門採取措施促使金融企業加強風險報告和年報中的信息披露，金融工具的會計計帳方法也逐步轉向以公允價值為基礎的更為科學的方法。

（5）風險管理的評估。這是指對風險度量、選擇風險管理工具、風險管理決策以及金融風險管理過程中業務人員的業績和工作效果進行全面的評價。

（6）風險確認和審計。風險管理程序的最後一個部分是

確認金融企業正在使用的風險管理系統和技術是有效的。風險確認和審計主要是指內部審計和外部審計對風險管理程序的檢查，這就要求內部審計中需要更高水準的專業技術，用於保證瞭解和檢查風險管理職能的有效性。

第四節　金融風險管理的主要策略

金融風險管理的策略主要是指金融風險控制和管理人員針對風險界定、風險識別、風險估計與度量、風險控制四個方面尋求切實可行的措施或工具進行防範、控制和化解的策略。它主要包括風險預防策略、風險規避策略、風險分散策略、風險消減策略、風險轉移策略、風險補償策略等。

一、風險規避策略

風險規避策略是指考慮到風險事件的存在與發生的可能性，事先採取措施迴避風險因素，或主動放棄和拒絕實施某項可能導致風險損失的方案。例如，商業銀行首先將所有業務面臨的風險進行量化，然後依據董事會所確定的風險戰略和風險偏好確定經濟資本分配，最終表現為授信額度和交易限額等各種限制條件。對於自己不擅長且不願承擔風險的業務，商業銀行對其配置非常有限的經濟資本，並設立非常有限的風險容忍度，迫使該業務部門降低業務的風險暴露，或甚至完全退出該業務領域。風險規避策略是對可能出現風險的交易進行迴避，以消除風險損失，這是一種最簡單易行的風險處理方法。風險規避策略的優點是積極預防，爭取將風

險的概率降到最低；局限性在於規避風險時也放棄了獲取風險利潤的機會。

二、風險分散策略

風險分散策略是指通過多樣化的投資來分散和降低風險的方法。當風險難以迴避時，就應採取分散策略以分散風險。用一句通俗的話來說，就是「不要把雞蛋都放在一個籃子裡」。反之，如果將經營過於集中於某一類業務時，就會很容易使風險集中，那麼當該類業務出現問題時，會立即使金融機構遭受損失。馬柯維茨的資產組合管理理論認為，只要兩種資產收益率的相關係數不為1，分散投資於兩種資產就具有降低風險的作用。多樣化投資分散風險的風險管理策略，前提條件是要有足夠多的相互獨立的投資形式。同時，風險分散策略是有成本的，主要是分散投資過程中增加的各種交易費用。但與集中承擔風險可能造成的損失相比，風險分散策略的成本支出是值得考慮的。

三、風險消減策略

風險消減策略是指對無法規避和分散的風險採取適當的措施來減少風險的損失，乃至消除風險。風險消減涉及確定風險消減策略、風險和安全控制措施的優先級選定、制訂安全計劃並實施控制措施等活動。要消減風險，就必須實施相應的安全措施，忽略或容忍所有的風險顯然是不可接受的。例如，對於利率風險和匯率風險，可通過期貨交易、期權交易、互換交易、遠期協議及套期保值等方式來消除風險。

四、風險轉移策略

風險轉移策略是指金融機構通過使用各種金融工具把風險損失轉移給其他銀行、金融部門或投資者承擔的一種風險處理方式。對於商業銀行來講，所有貸款都是以一種或有支付合約方式成為銀行的信貸資產，由於存在可獲得信息的有限性、處理信息的有效性、信貸資產未來現金流的不確定性及金融操作的不完善性等問題，因而銀行貸款面臨借款人的違約風險；同時，由於為獲得高於無風險利率的收益就必然承受持有風險資產的可能的風險損失，所以貸款的信用風險不能消除。

一般說來，風險轉移的方式可以分為非保險轉移和保險轉移。非保險轉移是指通過訂立經濟合同，將風險以及與風險有關的財務結果轉移給別人。在經濟生活中，常見的非保險風險轉移有租賃、互助保證、基金制度等。保險轉移是指通過訂立保險合同，將風險轉移給保險公司（保險人）。個體在面臨風險的時候，可以向保險人交納一定的保險費，從而將風險轉移。一旦預期風險發生並且造成了損失，則保險人必須在合同規定的責任範圍之內進行經濟賠償。

五、風險補償策略

風險補償策略是指金融機構在所從事的業務活動造成實質性損失之前，對所承擔的風險進行價格補償的策略性選擇。對於那些無法通過風險分散、風險轉移或風險規避進行有效管理的風險，金融機構可以採取在交易價格上附加更高

的風險溢價的方式，即通過提高風險回報的方式獲得承擔風險的價格補償。金融機構可以預先在金融資產定價中充分考慮各種風險因素，通過價格調整來獲得合理的風險回報。例如，商業銀行在貸款定價中，對於那些信用等級較低，而且與商業銀行保持長期合作關係的優質客戶，可以給予適當的利率優惠；而對於信用等級較低的客戶，商業銀行可以在基準利率的基礎上調高利率。

第五節　金融風險管理的組織結構

針對中國金融行業的具體情況，商業銀行應建立一個由董事會、高級管理層、市場風險管理委員會直接領導，以獨立的風險管理部門為中心，以市場風險管理的支持部門為輔助，與承擔市場風險的業務經營部門緊密聯繫的市場風險管理體系，從董事會到業務層面自上而下的每個部門都具有明確的風險管理責任。高效的風險管理組織結構的建立對商業銀行的營運和風險防範具有重要意義，其應遵循的基本原則是：崗位設置及職責分工明確，具有可執行性，並且最大限度地降低內部的交易成本。

一、董事會及最高風險管理委員會

董事會是商業銀行的最高風險管理決策機構，確保商業銀行有效識別、計量、監測和控制各項業務所承擔的各種風險，並承擔商業銀行風險管理的最終責任。董事會負責審批風險管理的整體戰略和政策，確保商業銀行的風險偏好和可

第一章　金融風險管理概論

承受的總體風險水準，督促高級管理層採取必要的措施來識別、計量、監測和控制各種風險，並定期獲得關於風險性質和水準的報告，監控和評價風險管理的全面性、有效性以及高級管理層在風險管理方面的履職情況。

最高風險管理委員會直接隸屬於董事會，受董事會授權進行日常決策，獨立於銀行的業務部門，集中統一管理和控制銀行的市場風險。最高風險管理委員會定期評價銀行總體風險控制的有效性和獨立性以及風險管理的基礎設施狀況，並向董事會報告風險管理方面的問題。作為全行風險的管理者和責任承擔者，最高風險管理委員會頒布風險的量化標準，對內部評估不易量化的風險，建立相應的操作規程，設計並修正銀行的風險管理政策和程序，使總體風險水準、結構與銀行總體方針相一致，在必要時上報董事會討論調整銀行的總體風險管理目標。

二、監事會

監事會對股東大會負責，從事商業銀行內部盡職監督、財務監督、內部控制監督等監察工作。監事會通過列席會議、調閱文件、檢查與調研、監督測評、訪談座談等方式，以及綜合利用非現場監測與現場抽查手段，對商業銀行的決策過程、決策執行、經營活動以及董事和高級管理人員的工作表現進行檢查和測評。

在風險管理領域，監事會應當加強與董事會及內部審計、風險管理等相關委員會和有關職能部門的工作聯繫，全面瞭解商業銀行的風險管理狀況，跟蹤監督董事會和高級管

理層為完善內部控制所做的相關工作，檢查和調研日常經營活動中是否存在違反既定風險管理政策和原則的行為。

三、高級管理層

高級管理層的主要職責是負責執行風險管理政策，制定風險管理的程序和操作規程，及時瞭解風險水準及其管理狀況，並確保商業銀行具備足夠的人力、物力和恰當的組織結構、管理信息系統以及技術水準，來有效地識別、計量、監測和控制各項業務所承擔的各種風險。在實踐操作中，高級管理層必須明確與組織結構相適應的風險管理部門結構，建立具有適當代表性的業務部門風險管理委員會，控制商業銀行所承受的風險規模，建立有關風險管理政策和指導原則的檔案和手冊。

很多商業銀行都遇到過諸如此類的問題：耗費大量資源開發完成一套風險計量模型，卻沒有設置相應的風險計量政策和指導原則，也沒有得到高級管理層的大量支持，因此無法在業務領域得到有效應用。可見，高級管理層的支持與承諾是商業銀行進行有效風險管理的基礎，只有當高級管理層充分意識到並積極利用風險管理的潛在盈利能力時，風險管理才能夠對商業銀行整體產生最大的收益。高級管理層應當通過發布一致的日常風險管理信息，來證明其對風險管理知識、技術和效果的關注，並且在商業銀行內部明示風險管理部門的地位和權限。

四、風險管理部門

風險管理部門是最高風險管理委員會的直接支持者，在業務上具有獨立性和明確性。其主要任務是負責貫徹已批准的風險管理戰略，並根據搜集的風險信息擬定各種風險管理的戰術性策略和程序，提交董事會和高級管理層審查批准。同時，負責識別和計量風險，設計、實施事後檢驗和壓力測試，監測相關業務經營部門和分支機構對風險限額的遵守情況，並及時向董事會和高級管理層提供獨立的風險報告。根據風險管理部門的職責，可以設置出風險管理部門的內部崗位，具體包括：風險管理部門總經理、風險管理政策研究主管/專員、風險量化與模型設計主管/專員、風險檢查主管/專員。其他輔助性的崗位可以依據具體情況配置。

五、其他風險控制部門

除了高級管理層、各級風險管理委員會和風險管理部門直接參與風險識別、計量、監測和控制過程之外，商業銀行風險管理還必須得到銀行內部一些相關部門的支持，通過這些支持部門提供的有關風險管理的信息，保證風險管理策略的正確制定和執行。它具體包括發展規劃部門、內部審計部門、法律部門、外部監督部門等。

第六節　巴塞爾風險管理體系

商業銀行風險管理離不開巴塞爾銀行監管委員會建立的風險管理體系。該體系是指巴塞爾銀行監管委員會制定的一系列文件中關於銀行業監督管理的思想和理論體系。巴塞爾銀行監管委員會圍繞商業銀行面臨的主要風險，先後制定了多項關於風險管理和銀行監管的文件，其中具有代表性的是：1975年的《對國外機構的監管協議》、1983年的《對國外機構監督的原則》、1988年的《關於統一國際銀行的資本計量和資本標準的報告》、1997年的《銀行業有效監管的核心原則》以及2004年公布的《巴塞爾新資本協議》。通過這些文件，巴塞爾銀行監管委員會在跨國銀行機構的合作監管、國際銀行的資本充足監管、國際銀行業務的風險管理以及有效銀行審慎監管等方面確立了一系列指導原則和標準。

2004年公布的《巴塞爾新資本協議》全面繼承了老版本資本協議的一系列監管原則，繼續沿襲以資本充足率監管為核心，以信用風險監管為重點的傳統。新協議還將市場風險和操作風險納入資本約束和監管的範圍，提出了全面風險管理的理念。

圍繞銀行業務的各類風險，巴塞爾銀行監管委員會先後發布了大量風險管理文件。通過這些文件，巴塞爾銀行監管委員會建立起涵蓋信用風險、市場風險、操作風險、流動性風險、聲譽風險等各類風險的全面風險管理體系，通過加強銀行的外部監督和內部控制，確保銀行能有效地識別、評估

第一章 金融風險管理概論

和控制各類風險。但它們的側重點有所不同,比如,有關信用風險管理的文件主要是從信用風險的來源著眼,提出並闡述防範和控制風險集中和大額風險暴露、關聯貸款、國家風險等的原則和方法;而有關利率風險管理的文件則從銀行本身的管理機制出發,就對董事會和高級管理層的有效監督、完善的風險管理政策和規程、合適的風險衡量和監控機制、全面的內部控制以及銀行監管者的有效監督等方面提出利率風險管理的指導原則。

20世紀90年代以後,隨著衍生金融工具及交易的迅猛增長,市場風險日益突出,巴林銀行倒閉案等震驚全球銀行界的事件促使人們關注市場風險。一些國際大銀行開始建立自己的內部風險計量與資本分配模型,以彌補資本協議的不足。亞洲金融危機及其隨後發生的長期資本管理公司危機、安然公司破產案等則提示人們,世界金融業風險出現了新特點,即損失不再是由單一風險造成的,而是由信用風險、市場風險、操作性風險等聯合造成的。因而,全面的風險管理漸漸成為銀行內部管理的新需求,同時也被國際監管機構作為對各大銀行的外部管理要求。

第二章 信用風險管理

　　信用風險管理是運用一種管理工具和技術，對授信過程中存在的各類債務人違約的可能性和不確定性進行預測、監督、控制，以貫徹執行銀行發展戰略，實現風險和收益配比最優化的過程。信用風險管理是現代商業銀行經營管理的核心內容，信用風險管理水準的高低直接關係到商業銀行經營的成敗。《巴塞爾新資本協議》代表了國際銀行業風險管理的方向，結合中國商業銀行實際運作情況研究新資本協議的規定，有利於中國商業銀行縮小與國際先進商業銀行信用風險管理的差距。

第一節　信用風險概述

一、信用風險的定義

　　信用風險（Credit Risk）又稱違約風險，是指交易對手未能履行約定契約中的義務而造成經濟損失的風險，即受信人不能履行還本付息的責任而使授信人的預期收益與實際收益發生偏離的可能性。信用風險有廣義和狹義之分。狹義的信用風險通常是指信貸風險。信貸風險是指在借貸過程中，由於各種不確定性，使借款人不能按時償還貸款，造成銀行

第二章　信用風險管理

貸款本金及利息損失的可能性。廣義的信用風險是指在市場經濟條件下，無論是企業還是個人，在其經濟活動中一旦與他人或企業簽訂經濟合約，他們就將面臨合同對方當事人不履約的風險，如不支付錢款、不運送貨物、不提供服務、不償還借款等，這種因為對方當事人不履約所帶來的風險統稱為信用風險。在市場經濟條件下，通常所指的信用風險則是廣義的信用風險。

現代市場經濟是一種信用經濟，經濟活動越來越普遍地以契約、合同為基礎來從事生產和交易，以保證經濟有序運行。以銀行信用為主導的信用制度成為左右經濟運行的關鍵因素，經濟中的風險也就集中地通過信用風險表現出來。只要有信用存在，就有信用風險。信用風險的大小與金融機構在信用活動中所使用的信用工具的特徵和信用條件密切相關。

信用風險是金融市場上最古老的風險之一，人們對信用風險以及信用風險管理的研究從來沒有停止過。從國外的研究來看，人們對信用風險的度量和管理的研究不斷向模型化、工程化方向發展。國內對信用風險的關注最早緣於「三角債」問題，此後國有商業銀行的不良資產問題又成為各方關注的焦點，特別是亞洲金融危機後，中國商業銀行的信用風險問題更引起了廣泛的關注和討論。國外對信用風險的工程化研究和國內在體制轉軌背景下對信用風險的制度研究仿佛是兩條永不相交的直線。

二、信用風險產生的原因

信用風險是借款人因各種原因未能及時、足額償還債務

或銀行貸款而違約的可能性。發生違約時，債權人或銀行必將因為未能得到預期的收益而承擔財務上的損失。對於信用風險的成因，本書主要從以下三個角度進行分析論述：

（1）現代信用風險的廣泛存在性。現代經濟是契約式經濟。隨著金融的不斷發展，金融產品不斷創新，導致了信用的不斷擴展。由於現代信用的大量使用，信用風險存在於各種各樣的經濟活動中。信用風險產生於市場經濟中交易的雙方，當交易雙方採用非現金交易時，即採用了信用的支付方式，同時面臨著交易對手違約的風險，所以說現代信用風險具有社會的普遍存在性。就本書所研究的銀行信用風險來說，主要是存在於銀行的信貸過程中，銀行每發放一筆貸款，即承擔了來自借款人的信用風險，並且將一直持續到貸款收回。

（2）信用活動的不確定性。信用風險形成的根本原因根植於信用活動的不確定性。現代經濟活動存在著各種各樣的偶然性，導致人類進行社會活動時存在著許多的不確定性。社會活動的不確定性正是形成風險的主要原因。在信用活動中，不確定性包括外在不確定性和內在不確定性兩種。

外在不確定性來自於經濟體系之外，是經濟運行過程中的隨機性、偶然性的變化或不可預測的趨勢，如宏觀經濟走勢、市場資金的供求狀況、政治局勢、技術和資源條件等。一般來說，外在不確定性對整個市場都會帶來影響，所以，外在不確定性導致的信用風險等金融風險又稱為系統性風險。

內在不確定性來自於經濟體系之內，它是由行為人主觀

第二章　信用風險管理

決策及獲取信息的不充分等原因造成的，帶有明顯的個性特徵。例如，企業管理能力、產品競爭能力、生產規模、財務狀況、信用品質等的變化都直接關係著其履約能力。內在不確定性產生的風險又稱為非系統性風險。

（3）銀行信貸決策的信息不對稱。在中國，信用風險是商業銀行經營中面臨的主要風險。按照合約經濟理論的解釋，信用風險生成於三個合約：一是銀行與企業的合約，二是銀行與儲戶的合約，三是商業銀行與中央銀行的合約。其中，銀行與企業的合約構成最主要的信用風險。合約雙方的信息不對稱導致銀企借貸關係中的不確定性，增加了貸款的信用風險。在銀行與企業的借貸交易中，銀行處於信息劣勢，企業比銀行更瞭解自身的經營能力、管理水準以及借款項目的風險特徵。因此，企業有可能將有利於自己而不利於銀行的虛假信息傳遞給銀行，銀行則不可能完全觀察到企業的行為和根據雙方的風險類型而簽訂有效的借貸合同。

倘若銀行按平均風險水準收取利息，就會造成逆向選擇：高風險的借款者更多地借款，而低風險的借款者更少借款或轉而從事高風險的投資項目。信息不對稱和有限理性會使借貸市場上的價格（即利率）只能在一定程度上調節資金供求，而不能使市場出清，存在著信貸配給。面對資金的超額需求，銀行先是提高利率，當利率達到一定水準之後，銀行不再依靠利率手段，而是採取非價格手段（如按照借款人的資信狀況、投資項目的風險程度等）來分配信貸。在非價格手段有限的情況下，銀行必須有效地提高其信用風險管理水準，以減少違約損失事件的發生。

由於銀企間信息不對稱，企業經理人可能採取過於冒險的行動而使銀行承受潛在的損失。這種情況在債務軟約束的經濟狀態下，銀企借貸領域內會更為廣泛地存在。銀行無法對企業取得貸款後的經營管理行為進行有效的監督，或者說完全監督的成本太高，不合算。所以銀行必須加快信用風險的量化管理，運用現代信息技術優勢以及銀行外部數據來有效地跟蹤銀行貸款質量。

三、信用風險的特徵

信用風險具有市場風險中的不確定性、傳遞性、擴散性等一般特徵，又有不同於它的特徵。相對於市場風險，信用風險具有以下幾個特徵：

（1）收益和風險的不對稱性。市場風險的收益分佈從理論上說是對稱的，大致可以用正態分佈曲線來描述。而相比之下，信用風險的分佈不是對稱的而是有偏的，收益分佈曲線的一端向左下傾斜，並在左側出現肥尾現象。

這種特徵是由信用風險本身的特徵決定的，即貸款的收益是固定且有上限的，而它的損失則是變化和沒有下限的。而且，銀行不能從企業經營業績中獲得對等的收益，貸款的預期收益不會隨企業經營業績的改善而增加，卻會由於企業經營業績的惡化而增加預期的損失。

（2）信用悖論現象。信用悖論是指從資產組合理論出發，尤其是在傳統的信用風險管理模型缺乏有效對沖信用風險手段的情況下，銀行應將貸款進行分散化投資，以防止信用風險過度集中。然而，實踐中銀行的信貸業務卻很難執行

該原則，許多商業銀行貸款業務的分散程度不高。這主要是因為：區域行業信息優勢、客戶信用關係以及商業銀行貸款業務的規模效應等，客觀上要求銀行將貸款投向於經濟較發達地區、經濟效益好的行業或者集中於自己比較瞭解和擅長的某一領域；與此同時，貸款分散化使得貸款業務小型化，這也不利於銀行在貸款業務上獲取規模效應。此外，不少商業銀行還將貸款之外的附加業務作為其新利潤的主要來源。

（3）非系統性。信用風險的非系統性風險特徵明顯。這主要是指借款人的還款能力依賴於借款人相關的非系統性因素（如借款人財務狀況、經營能力、還款意願等）。基於資產組合理論的資本資產定價模型和組合套利原理都只對系統性風險因素定價，信用風險卻沒有在這些資本資產定價模型中體現出來。這種非系統性風險特徵也決定了多樣化投資分散風險的風險管理原則不適用於信用風險管理。

（4）缺乏量化的分析數據。信用風險的量化分析相對於其他風險較為困難，這主要是因為可供觀察的數據少且不易獲得。貸款等信用產品的流動性差，且缺乏二級市場；另外，由於信息不對稱原因，直接觀察信用風險的變動較為困難。

四、信用風險和信貸風險的比較

商業銀行信用風險與信貸風險是兩個既有聯繫又有區別的概念。信貸風險是指在信貸過程中，由於各種不確定性，借款人不能按時償還貸款，造成銀行貸款本金及利息損失的可能性。對照本書採用的信用風險的定義，信用風險與信貸風險有共性，二者包含的內容有一部分是交叉的。就商業銀

行而言，信貸風險與信用風險具有一定的聯繫，二者都包含信貸資產給銀行帶來損失的可能性中的一部分。二者的區別在於：信用風險不僅包括信貸資產的信用風險，還包括存在於其他表內、表外業務，如貸款承諾、證券投資、金融衍生工具中的信用風險；而信貸風險除了由於債務人信用等級降低、履約能力下降、違約帶來損失的可能性外，還包括由於利率、匯率等金融市場因子變化給銀行帶來的風險。

第二節　信用風險的識別

信用風險識別是信用風險管理的第一個階段和基礎環節。信用風險識別的核心問題，是經濟主體要判明自己所將要承受的金融風險在本質上是否歸屬於信用風險這種具體的風險形態。信用風險識別的目的就是要認識風險，在業務流程中找出可能產生風險的因素和產生風險的環節點。商業銀行主要是通過客戶的綜合信息、財務信息、帳戶信息和授信信息等尋找和確定風險因素。目前比較成熟和具有可操作性的識別工具主要有三種，即財務分析法、現金流量分析法、非財務分析法。

一、財務分析法

財務分析的核心是借款人的償債能力。但是，借款人的償債能力並不是孤立的，它和借款人的盈利能力、營運能力、資金結構以及現金淨流量等因素相關，同時還需借助於一些指標比率綜合分析，以全面反應借款人的財務狀況。對

第二章　信用風險管理

借款人的財務分析主要通過對借款人連續三年以上的財務報表，即資產負債表、損益表、現金流量表及有關附表、財務報表附註、註冊會計師的審驗報告，進行財務比率分析和兩張報表（資產負債表、損益表）的分析，來確定借款人的償債能力。

（一）財務比率分析

財務比率分析是用具有關聯關係的指標、比率來計量和評價借款人財務狀況的一種方法。它可以幫助銀行和農村合作金融機構信貸管理人員全面、深刻地分析財務報表中相關項目之間的關係，進而揭示借款人財務狀況的變化趨勢和行業地位。財務比率主要有盈利比率、效率比率、槓桿比率和流動比率四大類。

（二）資產負債表分析

對借款人的資產負債表進行分析，將進一步瞭解借款人的財務狀況、經營管理情況和償債能力。資產負債表是根據「資產＝負債＋所有者權益」原理編製的，反應借款人在某一時點的財務狀況。資產、負債、所有者權益被稱之為資產負債表的三大要素，也是資產負債表的三個基本項目。

（三）損益表分析

損益表又稱利潤表，是根據「利潤＝收入－費用」這一會計原理編製而成的，是借款人在一定時期內經營成果的報表。損益表的數據變動會影響資產負債表的相關數據變動。

二、現金流量分析法

現金流量中的現金，既包括現金及銀行存款，也包括現金等價物。現金是指借款人的庫存現金以及可以隨時支取的銀行存款；現金等價物指期限短（一般三個月內）、流動性強、易於轉換為已知金額現金、價值變動風險很小的債券性投資。現金流量是現金的流入流出。現金流量淨額為現金流入與流出的差額。現金流量分析一般依賴於借款人的現金流量表，現金流量表是以現金為基礎編製的，用以反應借款人一定會計期間現金流入流出及其淨額的報表。借款人現金來源主要有三方面，即經營活動中產生的現金流量、籌資活動中產生的現金流量、投資活動中產生的現金流量。三者的關係是：

企業現金流量淨額＝經營活動的現金流量淨額＋投資活動的現金流量淨額＋籌資活動的現金流量淨額

三、非財務分析法

非財務分析是指對借款人財務之外影響貸款償還的相關因素進行定性分析和綜合評價的過程。財務分析、非財務分析、現金流量分析三者相互印證、相互補充，可以更全面地識別借款人的信用風險。當然，影響信用風險的非財務因素在內容和形式上複雜多樣。農村合作金融機構在進行信用風險的識別時，主要針對借款人的行業風險、經營風險、管理風險、誠信意識四個因素進行分析和評價。

（一）行業風險分析

每個行業都有其特有的風險，同一行業的借款人都面臨

第二章　信用風險管理

共同的風險。通過行業風險分析，可以對同一行業借款人和風險共性進行識別。行業風險主要涉及行業成本結構、行業生命週期、行業與經濟週期關係、行業依賴性、行業產品替代性、行業政策和法律等方面。需要強調的是，任何行業都有企業好壞之分，同一行業中不同借款人抵禦風險的能力也不盡相同。

（二）經營風險分析

經營風險分析是對借款人經營特徵以及採購、生產、銷售等重要環節的風險程度進行分析。與行業風險反應行業整體風險不同，經營風險反應借款人特有的風險。重點應對借款人的採購、生產、銷售三個環節進行分析。

（三）管理風險分析

管理風險分析主要應從借款人的組織形式、法人治理結構、管理者素質和經驗、管理層及員工的穩定性、關聯交易、財務管理水準、法律訴訟等方面進行分析。

第三節　信用風險的度量

信用風險度量是信用風險管理的關鍵環節，是指對可能引起信用風險的因素進行定性分析、定量計算，以測量借款人的違約概率，為貸款決策提供依據。信用風險的度量所要解決的核心問題是如何對信用風險進行量化管理。商業銀行對信用風險的計量依賴於對借款人和交易風險的評估。《巴塞爾新資本協議》明確要求，商業銀行的內部評級應基於二

維評級體系：一維是客戶評級，另一維是債項評級。通過客戶評級、債項評級計量單一客戶/債項的違約概率和違約損失率之後，商業銀行還必須構建組合計量模型，用以計量組合內各資產的相關性和組合的預期損失。

近年來，信用風險在計量分析和管理方法上不斷發生著革命性的變化，以往的信用管理方式相對滯後並且難以適應市場變化，而新一代的金融工程專家開始將建模技術及統計分析的方法大量應用到這一領域，不斷誕生一批新技術和新思想。目前產生的信用風險模型大多數是運用數學手段對歷史數據進行統計分析後，通過對相關群體的信用質量進行定性分析或者定量測算，再對其未來行為的信用風險進行預測，最後有針對性地提出信用風險防範的有效依據和手段，因此當前產生的這些計量模型受到了業內人士的廣泛關注。

一、傳統度量方法

實際上，信用風險的各種評估方法之間有著或多或少的聯繫，有些新方法是對傳統方法或思想的繼承和發展，因此新方法與傳統方法並不存在絕對的界限。這裡所謂的傳統方法是指發展相對較早、較成熟的一些方法。

（一）專家判斷法

專家制度是一種最古老的信用風險定性分析方法，它是商業銀行在長期的信貸活動中所形成的一種信用風險分析和管理制度。這種方法的最大特點就是：銀行信貸的決策權由該機構中那些經過長期訓練、具有豐富經驗的信貸員所掌握，並由他們做出是否貸款的決定。因此，在信貸決策過程

中，信貸員的專業知識、主觀判斷以及某些要考慮的關鍵要素權重為最重要的決定因素。一名信貸員有可能考慮的潛在因素是很多的，然而最為著名的方法是考慮 5C，即專家考慮的 5 個因素分別是品格（Character）、資本（Capital）、償付能力（Capacity）、抵押品（Collateral）和經濟形勢（Conditions）。除 5C 之外，專家可能還會考慮利率水準。利率水準與貸款的預期收益率之間的關係是高度非線性的。在利率處於低水準的時候，提高利率會使預期收益率增加；然而在利率處於高水準時，利率的增加也可能降低貸款收益。儘管許多銀行仍然在其信貸決策過程中使用專家方法，但是存在兩個重要問題：一是哪些是分析不同類型貸款人的共同因素；二是該方法的主觀性太強，運用於被選擇因素的最優權重的確定不客觀。

案例分析

江蘇某商業銀行根據 5C 分析法對客戶進行評估後將其分為三類：A 級客戶，銀行可以繼續滿足其貸款的要求；B 級客戶，即有還款不及時的客戶，對於他們提出的貸款要求，銀行要嚴格調查以往的記錄和原始檔案後再做決定；C 級客戶，即讓銀行出現呆帳的，銀行則拒絕交易。

通過對客戶進行信用等級管理，銀行可以對不同信用等級的客戶投入不同的人力和物力，採取不同的服務方式和給予不同的信用額度，促進銀行收入增長和信用風險降低，同時也為銀行累積了一批優質的客戶。

(二) 貸款評級分級法

貸款評級分級法實際上就是對資產及資產組合的信用狀況進行評價，並針對不同級別的貸款提取不同的損失準備。貸款內部評級分級模型就是美國金融機構在美國貨幣管理辦公室（OCC）最早開發的評級基礎上拓展而來的。OCC最早將貸款分為五級：正常貸款、關注貸款、次級貸款、可疑貸款、損失貸款。國際上一些金融機構把貸款分級劃分得更細，分為九級或十級。目前中國銀行業推行使用貸款五級分類法。

相關知識：貸款五級分類

正常貸款：借款人能夠履行合同，一直能正常還本付息，不存在任何影響貸款本息及時全額償還的消極因素，銀行對借款人按時足額償還貸款本息有充分把握。貸款損失的概率為0。

關注貸款：儘管借款人目前有能力償還貸款本息，但存在一些可能對償還產生不利影響的因素，如這些因素繼續下去，借款人的償還能力將受到影響。貸款損失的概率不會超過5%。

次級貸款：借款人的還款能力出現明顯問題，完全依靠其正常營業收入無法足額償還貸款本息，需要通過處分資產或對外融資乃至執行抵押擔保來還款付息。貸款損失的概率在30%～50%。

可疑貸款：借款人無法足額償還貸款本息，即使執行

第二章 信用風險管理

> 抵押或擔保，也要造成一部分損失。但是因為存在借款人重組、兼併、合併、抵押物處理和未決訴訟等待定因素，損失金額的多少還不能確定。貸款損失的概率在50%～75%之間。
>
> 損失貸款：借款人已無償還本息的可能，無論採取什麼措施和履行什麼程序，貸款都注定要損失，或者雖然能收回極少部分，但其價值也是微乎其微。從銀行的角度看，也沒有意義和必要再將其作為銀行資產在帳目上保留下來，對於這類貸款在履行了必要的法律程序之後應立即予以註銷。其貸款損失的概率在75%～100%之間。

（三）財務分析法

信用危機往往由財務危機引致，而使銀行和投資者面臨巨大的信用風險。及早發現和找出一些財務預警指標趨向惡化的財務特徵，無疑可判斷借款人財務狀況，從而確定其信用等級，為信貸和投資提供依據。基於這一動機，金融機構通常將信用風險的測度轉化為企業財務狀況的衡量問題。財務分析法包括報表分析和財務比率分析。

這類方法的主要代表有杜邦財務分析體系和沃爾比重評分法，前者以淨值報酬率為龍頭，以資產淨利潤率為核心，重點揭示企業獲利能力及其前因後果；而沃爾比重法是將選定的七項財務比率分別給定各自的分數比重，通過與標準比率（行業平均比率）進行比較，確定各項指標的得分及總體指標的累計分數，從而得出企業財務狀況的綜合評價，繼而

確定其信用等級。目前中國正在開發的商業銀行信用風險預警系統就使用了財務比率分析法。

(四) 信用評分法

20世紀60年代，信用卡的推出促使信用評分技術取得了極大發展，並迅速擴展到其他業務領域。奧爾特曼（Altman，1968）提出了基於多元判別分析技術的Z評分模型；馬丁（Martin，1977）、奧爾森（Ohlson，1980）和威金頓（Wiginton，1980）則首次運用Logit模型分析企業破產問題。信用分析模型是基於對研究對象多種類別進行判別的一種統計分析方法。此類方法操作簡單、成本較低，目前應用較為廣泛。

信用評分模型的關鍵在於特徵變量的選擇和各自權重的確定。基本過程是：首先，根據經驗或相關性分析，確定某一類別借款人的信用風險主要與哪些經濟或財務因素有關，模擬出特定形式的函數關係式；其次，根據歷史數據進行迴歸分析，得出各相關因素的權重；最後，將屬於此類別的潛在借款人的相關因素數值代入函數關係式計算出一個數值，根據該數值的大小衡量潛在借款人的信用風險水準，給予借款人相應評級並決定是否貸款。該模型也存在一些突出的問題：信用評分模型建立在對歷史數據而非當前市場數據模擬的基礎上，因此是一種向後看的模型；信用評分模型對借款人歷史數據的要求相當高；信用評分模型雖然可以給出客戶信用風險水準的分數，卻無法提供客戶違約概率的準確數值，而後者往往是信用風險管理者最為關注的。

二、現代主要風險計量模型

目前國際上流行的信用風險計量模型有：Credit Metrics 模型、Credit Risk + 模型、KMV 模型和 Credit Portfolio View 模型。這些模型也是巴塞爾銀行監管委員會所建議使用的信用風險管理模型。而且在《巴塞爾新資本協議》中，關於資本金或經濟資本計算公式的設計和相關參數的確定與校訂正是依據了這些模型的思想方法。

（一）信用風險計量模型的基本構成

信用風險計量模型是精確計量信用風險的工具，是現代計量分析技術在金融風險管理領域的具體應用。根據信用風險自身特點，所有成熟的信用風險計量模型必須具備能夠量化違約概率、確定違約損失分佈、貸款定價、為貸款決策提供指導、實現貸款組合分析等基本功能。相應的，信用風險計量模型一般要包括違約概率、違約損失率、違約風險暴露和期限四個基本要素。

1. 違約概率

違約概率是借款人在一定時間內違約的可能性，是貸款發放前銀行的「預先估計」。違約概率是信用風險的關鍵指標，用於量度銀行遭受損失的可能性，一般與借款人或其他合約義務人的信用質量、外部經濟條件的變化密切相關。信用質量高的借款人，違約概率較小；信用質量低的借款人，違約概率相對較大。為了得到不同級別客戶的違約概率，首先，需要對違約進行定義。巴塞爾銀行監管委員會給出了違約的定義，即銀行認為借款人不可能全部償還對銀行的債

務，銀行對清算抵押品（如果有抵押品的話）的行動沒有追索權，就被認為是違約。其次，同一借款人在不同時間段的違約概率也會變化，期限越長，違約的可能性越大。最後，銀行估計借款人違約概率的方法也會影響違約概率的大小。

同時，借款人的外部經濟條件，如利率、股指、匯率、失業率等因素的變化，也會間接地影響違約概率。因此，違約概率可分為條件違約概率和無條件違約概率。條件違約概率是指外部經濟條件發生波動時借款人違約的可能性；無條件違約概率是指外部經濟條件正常的情況下借款人違約的可能性。一個好的信用風險計量模型應該將市場風險與信用風險完美地結合在一起。

此外，對違約概率的估計還要注意合約的種類。例如，在其他條件相同的情況下，有擔保貸款的違約概率就比無擔保貸款的違約概率小。

2. 違約損失率

違約損失率是借款人或其他合約義務人違約時給銀行造成損失的程度。違約損失率是度量預期損失的重要參數之一，它包括三種損失，分別為損失的本金、不良貸款的持有成本（如無法獲得的利益收入）和清償成本。違約損失率因銀行經營的貸款種類、抵押類型、追償貸款方式和程序的不同而不同，同時也受經濟週期的影響。因此，不同的銀行應該根據自己的實際情況確定合理的違約損失率，並考慮其波動性。對違約損失率估計過高，將導致銀行採取許多不必要的風險防範措施，從而提高銀行的營運成本，並由此而喪失一部分客戶；對違約損失率估計過低，將導致銀行不能及時

第二章 信用風險管理

採取有效的防範措施，從而遭受意外損失。

> **相關知識：違約損失率 LGD 在監管資本計量中的基本作用**
>
> 　　由於標準法不採用銀行內部評級數據，而是依據監管當局認可的外部評級標準對不同的風險暴露賦予不同的風險權重，LGD、PD 等銀行內部風險管理信息在監管資本計量上基本不發揮作用。
>
> 　　與標準法不同，基礎內部評級法和高級內部評級法對監管資本的計量是建立在銀行內部評級信息基礎之上的。然而，新協議對基礎內部評級法和高級內部評級法採用內部評級信息有不同的要求。基礎內部評級法只准許 PD 信息由銀行內部評級提供，而 LGD、EAD 和 M 參數則由監管當局根據新協議的要求給出。根據新協議對基礎內部評級法的規定，對公司、銀行和國家的無抵押的高級債權，LGD 為 45%；對公司、銀行和國家的無抵押的次級債權，LGD 為 75%；有抵押債權的 LGD 服從較複雜的監管公式，以合理反應抵押等風險緩釋技術對 LGD 的降低作用。
>
> 　　高級內部評級法下，LGD 由銀行提供，因此銀行需要估算 LGD（由內部評級體系提供）。但銀行必須滿足監管當局的相關規定和最低要求。《巴塞爾新資本協議》將 LGD 引入監管資本框架具有重要意義。在技術上，由於 LGD 從損失嚴重程度方面反應了信用風險的性質，LGD 的引入更加有利於正確地反應資產的風險水準。而且，LGD 也反應了銀行風險管理措施所發揮的作用。LGD 所能反應的風險緩釋技術有：抵押、擔保、信用證、信用衍生產品

> 和信用保險等。因此，LGD 在監管資本計量框架中的應用不僅使得新監管資本衡量框架能夠更加正確地反應銀行實際承擔的風險（更具風險敏感性），而且從監管角度認可和鼓勵了不斷發展和創新的銀行風險緩釋技術。

3. 違約風險暴露

違約風險暴露是量度由於違約事件的出現而使銀行遭受損失的合約值。違約風險暴露可表示為：

違約風險暴露 = 交易的市場價值 + 未來潛在的風險

由於違約風險暴露的具體數值是以違約事件發生時刻合約價值的高低來表示的，所以借款人或其他合約義務人在不同時刻違約，會給銀行帶來不同的價值損失，即違約風險暴露不僅是一個與合約現值相關的即期概念，還是一個涉及合約價值未來變化的遠期概念。不同類型的貸款或合約，其違約風險暴露不同。在信用風險計量模型中，違約風險暴露通常用一年內貸款或債券的違約風險現金流來表示。

4. 期限

期限是影響違約風險的一個主要因素。在其他條件相同的情況下，期限越短，違約風險越小。短期貸款或合約，可以增強銀行的流動性，銀行可以通過拒絕再貸、在貸款中加入保護條款（如要求提供抵押）等方式來減小或防範信用狀況惡化的借款人可能造成的損失。期限實質上是銀行用來控制信用風險的一種有效途徑。因此，對於信用風險模型的研究也應該把期限納入其中。根據研究期限的不同，信用風險

模型可分為單期模式和多期模式。信用風險模型一般選擇一年作為研究的時間水準，這樣做的一個好處是可以將不同期限的各種合約的信用風險進行加總，便於銀行進行整個組合的信用風險分析。

（二）主要信用風險計量模型

1. Credit Metrics 模型

1997 年 4 月初，美國 JP 摩根財團與其他幾個國際銀行——德意志摩根建富、美國銀行、瑞士銀行等金融機構共同研究，推出了世界上第一個評估信用風險的量化度量模型 Credit Metrics。它運用 VaR（Value at Risk，風險價值）框架，對諸如貸款和私募債券等資產進行估價和風險計算。該模型認為投資組合價值不僅受到資產違約的影響，而且資產信用等級發生變化時對它也會產生影響。Credit Metrics 模型利用借款人的信用評級及在下一個計算期內信用等級發生變化的概率即信用等級轉移矩陣、貸款違約時的回收率、貸款或債券市場上的信用風險利差和收益率等數據，通過計算下一期內貸款在各相應信用等級上的價值，從而得到貸款價值分佈的均值和方差，最後可算出個別貸款和貸款組合的 VaR 值。

該模型的主要內容是：

（1）Credit Metrics 模型認為信用風險直接源自於借款人信用等級的變化，並假定信用評級是有效的，即企業投資失敗、利潤下降、融資渠道枯竭等信用事件對其還款履約能力的影響都能及時、恰當地通過其信用等級的變化表現出來。Credit Metrics 模型的基本原理是信用等級變化分析，等級轉

移矩陣是該模型重要的輸入數據，它是指所有不同信用等級的信用工具在一定期限內轉移到其他信用等級或維持原級別的概率矩陣，一般由信用評級公司提供。

（2）由於不同信用等級的信用工具（如貸款、私募債券等）有不同的市場價值，信用工具的市場價值取決於借款人的信用等級，所以信用等級的變化會帶來信用工具價值的相應變化。根據等級轉移矩陣所提供的信用工具信用等級變化的概率分佈和不同信用等級下給定的貼現率就可以計算出該信用工具在各信用等級上的市場價值（價格），從而得到該信用工具的市場價值在不同信用風險狀態下的概率分佈。這樣，Credit Metrics 模型就達到了用傳統的期望和標準差來衡量非交易性資產信用風險的目的，也可以在確定的置信水準上找到該信用工具的最大損失值，從而將 VaR 模型的方法引入到信用風險管理中來。

（3）Credit Metrics 模型的一個基本特點就是從資產組合而並不是單一資產的角度來看待信用風險。一方面，根據馬柯維茨資產組合管理理論，多樣化的組合投資具有降低非系統性風險的作用，而信用風險很大程度上是一種非系統性風險，因此，信用風險在很大程度上能被多樣性的組合投資所降低。另一方面，由於經濟體系中共同因素（系統性因素）的作用，不同信用工具的信用狀況之間存在相互聯繫，由此產生的系統性風險是不能被分散掉的。這種相互聯繫由其市場價值變化的相關係數來表示。

（4）Credit Metrics 模型使用信用工具邊際風險貢獻（指因增加某一信用工具在組合中的持有量而增加的整個組合的

風險）來反應單一信用工具對整個組合風險狀況的作用。該模型將單一的信用工具放入資產組合中衡量其對整個組合風險狀況的作用，而不是孤立地衡量某一信用工具自身的風險。通過對比組合中各信用工具的邊際風險貢獻，分析每種信用工具的信用等級、與其他資產的相關係數以及其風險暴露程度等方面因素，準確地把握了各種信用工具在整個組合的信用風險中的作用，從而為商業銀行的信貸決策提供科學的量化依據。

2. Credit Risk + 模型

Credit Risk + 模型是瑞士銀行金融產品開發部於 1996 年開發的信用風險管理系統，它應用保險經濟中的保險精算方法來計算債券或貸款組合的損失分佈。該模型僅考慮違約行為而不考慮信用等級的轉移。Credit Risk + 採用了違約法計算信用損失。在違約法下，對於信用的計算關鍵在於如何估計違約率。Credit Risk + 將違約率看成一個連續隨機變量，它與債務人未來狀態的不確定性有關，與資產的結構和歷史無關。Credit Risk + 的主要思路是將投資組合中的每筆資產歸類到相互獨立的組別，每個組別有相應的資產損失值，而組別數是有限的。通過每組資產損失分佈的構造，可以得到投資組合損失分佈和違約率的概率分佈。

在 Credit Risk + 模型中，具有相近違約損失率的貸款被劃分為一組。相對於總的貸款組合而言，每一組被看成一筆貸款，它們同時違約的概率很小且相互獨立；而每一組又相當於一個子貸款組合，並與總的貸款組合具有相同的性質，因此其違約概率也服從泊松分佈。首先利用公式計算出每一

組的貸款損失分佈，得到其預期損失、一定置信水準下的非預期損失以及資本要求，然後將各組的數據匯總，以同樣的方法得到整個貸款組合的損失分佈。組合的損失分佈會隨組合中貸款筆數的增加而更加接近於正態分佈。在計算過程中，模型假設每一組的平均違約概率都是固定不變的。而實際上，平均違約概率會受宏觀經濟狀況等因素影響而發生變化。在這種情況下，貸款組合的損失分佈會出現更加嚴重的肥尾現象。

3. KMV 模型

KMV 公司 1995 年創立了一個估計上市公司違約概率的 KMV 模型。KMV 模型的結構包含兩種理論關係：其一是將股票價值看成是建立在公司資產價值上的一個看漲期權；其二是公司股票價值波動率與公司資產價值變化之間的關係。該模型分三個步驟來確定客戶的違約概率：第一步，從公司股票的市場價值、股價的波動性及負債的帳面價值估計出公司的市場價值及其波動性；第二步，根據公司的負債計算出公司的違約點（即等於流動負債另 50% 的長期負債），並根據公司的現有價值確定出公司的預期價值，再用這兩個價值以及公司價值的波動幅度構建一個度量指標，它表示從公司的預期價值到違約點之間的距離，又稱為違約距離；第三步，根據具有不同違約距離值的公司的違約歷史數據來確定違約距離及預期違約率 EDF 之間的映射，然後，根據公司的違約距離與 EDF 值的一一對應關係，求出公司的 EDF 值。

4. Credit Portfolio View 模型

該模型是由麥肯錫（McKinsey）公司於 1998 年創立的，

第二章　信用風險管理

屬於多因素分析模型。它在宏觀經濟因素，如失業率、GDP增長率、長期利率水準、匯率、政府支出以及總儲蓄率等一定的情況下，模擬了違約概率的聯合分佈。該模型將違約概率、轉移概率和宏觀經濟狀況緊密結合起來，當經濟狀況惡化時，降級和違約增加；反之，當經濟狀況好轉時，降級和違約減少。麥肯錫提出信貸組合理論，直接將信用等級轉移概率與宏觀因素的內在關係模型化，並通過製造宏觀「衝擊」來模擬轉移概率矩陣的跨時演變。Credit Portfolio View可以看成是對 Credit Metrics 的補充，它克服了 Credit Metrics 中不同時期的評級轉移矩陣固定不變的缺點。

(三) 四種模型之間的比較

Credit Metrics 模型的優點在於：這種方法首次將風險價值（VaR）的方法運用在信用風險的量化測定和管理上，並將單一信用工具放入資產組合中衡量其對整個組合風險狀況的作用，使用了邊際風險貢獻的概念，可以清楚地看出各種信用工具在整個組合的信用風險中的作用，最終為投資者進行組合管理和決策提供科學的量化依據。其缺點在於：首先，它假定同一信用評級內所有的債務人都具有相同的評級轉移概率，並用歷史的平均轉移概率來近似地模擬未來的評級轉移概率，而根據 KMV 的研究，這兩條假設都不成立；其次，該模型用來重估債券價值的無風險利率是決定性的，沒有反應市場風險以及潛在的經濟環境變化；最後，在估計違約相關性方面，模型用股票相關性來代替資產相關性，這可能導致估計不精確。

Credit Risk + 模型採用精算學的分析框架來推導信貸組合

的損失分佈，這使得模型具有非常規範和完整的數據形式。模型的優點在於：要求輸入的數據很少，基本上只涉及敞口數據和違約概率，所以對貸款損失的計算非常容易。其缺點在於：第一，模型對於單個債務人的違約率沒有詳細闡述，而它們卻是模型的基本輸入因子；第二，債務人的違約概率不取決於其風險特徵和市場風險；第三，債務人沒有被賦予相應的信用評級，並假定每筆貸款的信用風險暴露在計算期間內是固定不變的。

　　KMV 模型的優點在於：其將違約與公司特徵而不是公司的初始信用等級聯繫在一起，使其對債務人質量的變化更加敏感；同時，它採用的是企業股票市場價格分析方法，這使得該模型可以隨時根據該企業股票市場價格的變化來更新模型的輸入數據，得出及時反應市場預期和企業信用狀況變化的新的預期違約率（EDF）。並且，KMV 模型所提供的指標來自於對股票市場價格即時行情的分析，而股票市場的即時行情不僅反應了該企業歷史的和當前的發展狀況，更重要的是反應了市場中的投資者對於該企業未來發展的綜合預期，具有一定的前瞻性。模型的缺點在於：其一，有關企業財務結構的假設過於簡單，現實中的企業財務結構往往是很複雜的；其二，模型所推導的預期違約率與違約距離之間的函數關係主要是以美國公司的數據為基礎的，應用於其他國家和地區，其有效性有待進一步檢驗。

　　Credit Portfolio View 模型是唯一用經濟狀態來模擬違約事件的信用風險模型，用多因素、多時期離散時間序列模型來模擬不同國家各個信用級別產品的違約概率信用等級轉換概

率的聯合條件分佈。模型的優點在於：它較為充分地考慮了宏觀經濟環境對信用等級遷移的影響，而不是無條件地用歷史上違約的平均值來代替；信用等級遷移概率具有盯市性，因而可以提高信用風險度量的準確性；它既可以適用於單個債務人，也可以適用於群體債務，如零售組合。其不足之處在於：第一，模型關於違約事件與宏觀經濟變量之間的關係的假設太過牽強，忽略了影響違約事件的一系列微觀經濟因素，尤其是企業個體的特徵；第二，模型的數據要求過於複雜，而每一個國家、每一個行業的違約信息，往往較難獲得，模型的應用有一定的局限性。

三、《巴塞爾新資本協議》計量信用風險的方法

巴塞爾銀行監管委員會認真總結歸納了國際金融界衡量、管理信用風險的先進做法和存在的問題，經過對 Credit Metrics、KMV 等信用估算模型做充分研究和比較後，根據其成熟度及可操作性進行了相應調整，在《巴塞爾新資本協議》中最後確定了信用風險標準法與內部評級法。其中，內部評級法是《巴塞爾新資本協議》的核心。巴塞爾銀行監管委員會重視並鼓勵商業銀行運用內部評級法提高風險管理能力，並最終過渡到全面採用資產組合信用風險模型。

表 2–1　《巴塞爾新資本協議》計量信用風險的基本框架適用範圍

方法	適用範圍
標準法	巴塞爾銀行監管委員會建議業務相對簡單、風險管理相對薄弱的銀行用標準法計算資本充足率。

表 2 – 1（續）

方法	適用範圍
內部評級法	對於業務複雜程度較高、風險管理水準較高的銀行，都能夠滿足內部評級法的最低門檻規定，能夠在銀行內部建立信用評級模型，巴塞爾銀行監管委員會要求其採用基於內部評級的方法確定信用資產的風險權重，降低資本計提額。

（一）標準法

標準法與老協議大致相同。按要求，銀行根據風險暴露可觀察的特點，將信用風險暴露劃分到監管當局規定的幾類檔次上。按標準法的要求，每一監管當局規定的檔次對應一個固定的風險權重，同時採用外部信用評級提高風險敏感度（老協議的敏感度不高）。按照外部信用評級，對主權、銀行同業、公司的風險暴露的風險權重各不相同。對於主權風險暴露，外部信用評級可包括經合組織（OECD）的出口信用評級和私人部門評級公司公布的評級。

標準法規定了各國監管當局決定銀行是否採用某類外部評級所應遵守的原則。然而，使用外部評級計量公司貸款僅作為新協議下的一項備選方法。若不採用外部評級，標準法規定在絕大多數情況下，風險權重為100%，就是相當於在老協議下資本充足率要求為8%。出現這種情況時，監管當局在考慮特定風險暴露的違約歷史後，確保資本要求相當充足。標準法的一項重大創新是將逾期貸款的風險權重規定為150%，除非銀行針對該類貸款已經計提了達到一定比例的專項準備。

標準法的另一個重要內容是擴大了銀行可使用的抵押、

第二章　信用風險管理

擔保和信用衍生產品的範圍。總的來說,《巴塞爾新資本協議》將這類工具統稱為信用風險緩釋工具。在經合組織國家債券的基礎上,標準法擴大了合格抵押品的範圍,使其包括了絕大多數金融產品,並在考慮抵押工具市場風險的同時,規定了計算資本下調幅度的幾種方法。此外,標準法還擴大了合格擔保人的範圍,使其包括了符合一定外部評級條件的各類公司。

標準法還包括對零售風險暴露的特殊處理方法。相對於老協議而言,住房抵押貸款和其他一些零售業務的風險權重做了下調,其結果是低於未評級公司貸款的風險權重。此外,在滿足一定條件時,中小企業貸款也可作為零售貸款處理。

(二) 內部評級法

信用風險的 IRB 法即內部評級法包括兩種形式:IRB 初級法、IRB 高級法。IRB 法與標準法的根本不同表現在,銀行對重大風險要素的內部估計值將作為計算資本的主要參數。該法以銀行自己的內部評級為基礎,有可能大幅度提高資本監管的風險敏感度。然而,IRB 法並不允許銀行自己決定計算資本要求的全面內容。相反,風險權重及資本要求的確定要同時考慮銀行提供的數量指標和巴塞爾銀行監管委員會確定的一些公式。

這裡講的公式或稱風險權重函數,可將銀行的指標轉化為資本要求。公式建立在現代風險管理技術之上,涉及數理統計及對風險的量化分析。目前,與業內人士的對話已經表明,採用該法是在建立反應今天複雜程度極高的大銀行風險有效評估體系方面邁出的重大的一步。

IRB法對主權、銀行和公司風險暴露採用相同的風險加權資產計算方法。該法依靠四方面的數據，一是違約概率（PD），即特定時間段內借款人違約的可能性；二是違約損失率（LGD），即違約發生時風險暴露的損失程度；三是違約風險暴露（EAD），即對某項貸款承諾而言，發生違約時可能被提取的貸款額；四是期限（M），即某一風險暴露的剩餘經濟到期日。

　　IRB高級法與初級法的主要區別反應在數據要求上，前者要求的數據是銀行自己的估計值，而後者要求的數據則是由監管當局確定的。

表2-2　　IRB初級法和IRB高級法的比較

	IRB初級法	IRB高級法
違約概率	銀行提供的估計值	銀行提供的估計值
違約損失率	委員會規定的監管指標	銀行提供的估計值
違約風險暴露	委員會規定的監管指標	銀行提供的估計值
期限	委員會規定的監管指標	銀行提供的估計值

　　表2-2表明，對於公司、主權和銀行同業的風險暴露，所有採用IRB法的銀行都必須提供違約概率的內部估計值。此外，採用IRB高級法的銀行必須提供LGD和EAD的內部估計值，而採用IRB初級法的銀行將採用新協議第三稿中監管當局考慮到風險暴露屬性後規定的指標。總體來看，採用IRB高級法的銀行應提供上述各類風險暴露剩餘期限的估計值，然而也不排除在個別情況下，監管當局可允許採用固定的期限假設。對於採用IRB初級法的銀行，各國監管當局可

自己決定是否全國所有的銀行都採用新協議第三稿中規定的固定期限假設，或銀行自己提供剩餘期限的估計值。

第四節　信用風險的監測與報告

信用風險監測是信用風險管理流程中的重要環節，是指信用風險管理者通過各種監控技術，動態捕捉信用風險指標的異常變動，判斷其是否已達到或超過引起關注水準。如果達到或超過引起關注水準，就應當及時採用調整授信政策、優化組合結構、資產證券化等對策，達到控制、分散、轉移信用風險的效果，或在風險演變成危機時採取有效措施，將損失降到最低。信用風險監測是一個動態、連續的過程，通常包括兩個層面：一是跟蹤已識別風險的發展變化情況，包括在整個授信週期內，風險產生的條件和導致的結果變化，評估風險緩釋計劃需求；二是根據風險的變化情況及時調整風險應對計劃，並對已發生的風險及其產生的遺留風險和新增風險及時識別、分析，以便採取適當的應對措施。

一、信用風險的監測對象

1. 單一客戶風險監測

單一客戶風險監測方法包括一整套貸後管理的程序和標準，並需借助客戶信用評級、貸款分類等方法。商業銀行監測信用風險的傳統做法是建立單個債務人授信情況的監測體系，監控債務人或交易對方各項合同的執行情況，界定和識別有問題貸款，決定所提取的準備金和儲備是否充分。

客戶風險的內生變量包括以下兩大類指標：

（1）基本面指標。這主要包括品質類指標、實力類指標、環境類指標。品質類指標包括融資主體的合規性、公司治理及經營組織架構、管理層素質、還款意願、信用記錄等；實力類指標包括資金實力、技術及設備先進性、人力資源、資質等級、營運效率、成本管理、重大投資影響、對外擔保因素影響等；環境類指標包括市場競爭環境、政策法規環境、外部重大事件、信用環境等。

（2）財務指標。這主要包括償債能力指標、盈利能力指標、營運能力指標、增長能力指標等。償債能力指標包括營運資金、流動比率、速動比率、現金比率等短期償債能力指標和利息保障倍數、債務本息償還保障倍數、資產負債率、淨資產負債率、有息負債的息稅前盈利、現金支付能力等長期償債能力指標；盈利能力指標包括總資產收益率、淨資產收益率、產品銷售利潤率、營業收入利潤率、總收入利潤率、銷售淨利潤率、銷售息稅前利潤率、資本收益率、銷售成本利潤率、營業成本費用利潤率、總成本費用淨利潤率，以及上市公司的每股收益率、普通股權益報酬率、股利發放率、價格與收益比率等指標；營運能力指標包括總資產週轉率、流動資產週轉率、存貨週轉率、應收帳款週轉率、固定資產週轉率等指標；增長能力指標包括資產增長率、銷售收入增長率、利潤增長率、權益增長率等指標。

2. 組合風險監測

組合層面的風險監測把多種信貸資產作為投資組合進行整體監測。商業銀行組合風險監測主要有兩種方法：

第二章 信用風險管理

（1）傳統監測方法。它主要是對信貸資產組合的授信集中度和結構進行分析監測。授信集中度是指相對於商業銀行資本金、總資產或總體風險水準而言，存在較大潛在風險的授信。結構分析包括行業、客戶、產品、區域等的資產質量、收益等維度。商業銀行可以依據風險管理專家的判斷，給予各指標一定權重，最終得出對單個資產組合風險判斷的綜合指標。

（2）資產組合模型。商業銀行在計量每個暴露的信用風險，即估計每個暴露的未來價值概率分佈的基礎上，就能夠計量組合整體的未來價值概率分佈。通常有兩種方法：①估計各暴露之間的相關性，從而得到整體價值的概率分佈。當然，估計大量個體暴露之間的相關性非常困難，一般把暴露歸成若干類別，假設每個類別內的個體暴露完全相關。在得到各個類別未來價值的概率分佈後，再估計風險類別之間的相關性，從而得到整體的未來價值概率分佈。②不處理各暴露之間的相關性，而把投資組合看成一個整體，直接估計該組合資產的未來價值概率分佈。

二、信用風險監測的主要指標

風險監測指標體系是非現場監測的關鍵，通常包括潛在指標和顯現指標兩大類。前者主要用於對潛在因素或徵兆信息的定量分析；後者則用於顯現因素或現狀信息的量化。

信用風險監測指標包括不良資產/貸款率、單一集團客戶授信集中度、全部關聯度、貸款損失準備充足率、貸款風險遷徙率等指標。

（1）不良資產率為不良資產餘額與資產餘額之比，一般不應高於4%；不良貸款率為不良貸款餘額與貸款餘額之比，一般不應高於5%。

（2）單一集團客戶授信集中度為最大一家集團客戶授信總額與資本淨額之比，一般不應高於15%；單一客戶貸款集中度為最大一家客戶貸款總額與資本淨額之比，一般不應高於10%。

（3）全部關聯度為全部關聯客戶授信與資本淨額之比，一般不應高於50%。

（4）貸款損失準備充足率為貸款實際計提損失準備與應提準備之比，一般不低於100%。

（5）貸款風險遷徙率，主要包括正常貸款遷徙率、正常類貸款遷徙率、關注類貸款遷徙率、次級類貸款遷徙率、可疑類貸款遷徙率。

①正常貸款遷徙率＝（期初正常類貸款中轉為不良貸款的金額＋期初關注類貸款中轉為不良貸款的金額）／（期初正常類貸款餘額－期初正常類貸款期間減少金額＋期初關注類貸款餘額－期初關注類貸款期間減少金額）×100%

期初正常類（關注類）貸款中轉為不良貸款的金額，是指期初正常類貸款中，在報告期末分類為次級類、可疑類、損失類貸款的餘額之和。

期初正常類（關注類）貸款期間減少金額，是指期初正常類貸款中，在報告期內，由於貸款正常收回、不良貸款處置或貸款核銷等原因而減少的貸款。

②正常類貸款遷徙率＝期初正常類貸款向下遷徙金

額/（期初正常類貸款餘額－期初正常類貸款期間減少金額）×100%

期初正常類貸款向下遷徙金額，是指期初正常類貸款中，在報告期末分類為關注類、次級類、可疑類、損失類貸款的餘額之和。

③關注類貸款遷徙率＝期初關注類貸款向下遷徙金額/（期初關注類貸款餘額－期初關注類貸款期間減少金額）×100%

期初關注類貸款向下遷徙金額，是指期初關注類貸款中，在報告期末分類為次級類、可疑類、損失類貸款的餘額之和。

④次級類貸款遷徙率＝期初次級類貸款向下遷徙金額/（期初次級類貸款餘額－期初次級類貸款期間減少金額）×100%

期初次級類貸款向下遷徙金額，是指期初次級類貸款中，在報告期末分類為可疑類、損失類貸款的餘額之和。

期初次級類貸款期間減少金額，是指期初次級類貸款中，在報告期內，由於貸款正常收回、不良貸款處置或貸款核銷等原因而減少的貸款。

⑤可疑類貸款遷徙率＝期初可疑類貸款向下遷徙金額/（期初可疑類貸款餘額－期初可疑類貸款期間減少金額）×100%

期初可疑類貸款向下遷徙金額，是指期初可疑類貸款中，在報告期末分類為損失類貸款的餘額。

期初可疑類貸款期間減少金額，是指期初可疑類貸款

中,在報告期內,由於貸款正常收回、不良貸款處置或貸款核銷等原因而減少的貸款。

> **案例分析**
>
> 某商業銀行期初正常類貸款5,000萬元,期末該5,000萬元的變化結果為收回500萬元,正常4,250萬元,轉為關注、次級、可疑、損失和核銷各50萬元,按上述公式計算,遷徙率為:
>
> $(50+50+50+50)/(5,000-500-50) \times 100\% = 4.5\%$
>
> 若收回金額為3,000萬元,其他不變,則遷徙率計算結果為:
>
> $(50+50+50+50)/(5,000-3,000-50) \times 100\% = 10.26\%$

三、風險報告

風險報告是將風險信息傳遞到內外部部門和機構,使其瞭解商業銀行客體風險和商業銀行風險管理狀況的工具。風險報告是商業銀行實施全面風險管理的媒介,貫穿於風險管理整個流程和各個層面。高可信度的風險報告能夠為管理層提供全面、及時和精確的信息,輔助管理決策,並為監控日常經營活動和合理的績效考評提供有效支持。

從報告的使用者看,風險報告可分為內部報告和外部報告兩種。內部報告通常包括:評價整體風險狀況、識別當期風險特徵、分析重點風險因素、總結專項風險工作、配合內部審計調查等。外部報告主要包括:提供監管數據、反應管

第二章　信用風險管理

理情況、提出風險管理的措施或建議等。

從類型上看，風險報告通常分為綜合報告和專題報告兩種。綜合報告是各報告單位針對管理範圍內、報告期內各類風險與內控狀況撰寫的綜合性風險報告，主要包括：轄內各類風險總體狀況及變化趨勢、分類風險狀況及變化原因分析、風險應對策略及具體措施、加強風險管理的建議。專題報告是各報告單位針對管理範圍內發生的或潛在的重大風險事項與內控隱患所作出的專題性風險分析報告，主要包括：重大風險事項描述、發展趨勢及風險因素分析、已採取和擬採取的措施。

第五節　信用風險的控制

信用風險控制是指商業銀行在信用風險識別和度量的基礎上，針對所承受的信用風險及經濟損失發生的嚴重程度，選擇和實施對信用風險進行管理的決策方法，並且對該方法實施的效果進行即時監控和反饋，進而對原方法做出相應的調整。風險控制的目的是為了尋求風險的平衡，即損失和收益的平衡。商業銀行要做到風險的平衡就是要在完成巴塞爾銀行監管委員會所要求的計量出風險的可能性的基礎上，不是被動地僅僅通過增加風險資本準備來防範風險，而是根據巴塞爾銀行監管委員會資本充足比率的要求和商業銀行自身有限的資本準備，主動地去調節和配置信貸資產組合，以求得風險資本的最佳配置。風險資本的最佳配置就是要求商業銀行根據董事會的風險偏好計算得到的風險資本和董事會要

求的業務發展計劃，針對銀行現有信貸資產組合的收益、損失情況，找出風險資本在抵禦損失和獲得收益兩個方向上的最佳合理配置方案。商業銀行風險資本的最佳配置在銀行層面主要是通過政策調整、業務流程管理和限額管制來實現的。

一、限額管理

限額管理是指對關鍵風險指標設置限額，並據此對業務開展進行監測和控制的過程。風險限額是銀行等金融機構所制定的風險政策的具體量化，表明了銀行所期望的承受風險的上限，是風險管理人員進行積極風險防範的重要風險監控基準。

對於一個銀行來說，如果沒有建立完善的限額管理體系，也就根本無法實現風險管理的有效量化監控。從風險資本的角度出發，銀行所期望的承受風險的上限對應於需要準備的風險資本，而這些風險資本則需要通過具體的風險限額量化指標的方式分配到具體的資金投資組合之中。沒有建立詳細和具體風險限額指標的銀行，其風險管理政策實際上無法落實到具體的業務風險監控之中，而所謂風險管理也就成了空談。

限額管理體系在技術環節上應該包括三個主要內容：

（1）限額的設置，就是將銀行的各種風險政策轉換成具體的量化指標。

（2）限額的監測，就是通過風險計量工具進行具體組合的風險計量，並將這些計量結果和所設置的風險限額進行比較，重點監測超過限額或接近限額的組合，並對這些組合進

第二章　信用風險管理

行深入分析，找出風險源。

（3）限額的控制，就是針對具體超過限額或接近限額的組合中的風險源進行風險規避的可行性分析。這種分析一般是建立在真實金融環境下的風險對沖或風險緩釋模擬分析，為風險規避實施提供有效的量化參考數據。

這三者之間具有相互依存關係：沒有限額的設置，銀行的風險管理政策就無法以量化的方式得以體現，而且所進行的各種風險的計量就沒有進行控制的目標；沒有風險計量工具就無法按照所設置的限額指標對具體組合進行風險計量；沒有風險對沖模擬或風險緩釋分析工具，就無法對超過限額或接近限額的組合進行風險規避量化分析，從而也就無法實現對風險實施控制的最終目的。

二、信用風險緩釋

信用風險緩釋是指商業銀行運用合格的抵（質）押品、淨額結算、保證和信用衍生工具等方式轉移或降低信用風險。商業銀行採用內部評級法計量信用風險監管資本，信用風險緩釋功能體現為違約概率、違約損失率或違約風險暴露的下降。

（一）合格的抵（質）押品

合格抵（質）押品包括金融質押品、應收帳款、商用房地產和居住用房地產以及其他抵（質）押品。

初級法對金融質押品的處理體現為對標準違約損失率（LGD）的調整，調整後的違約損失率為有效違約損失率

(LGD*):

$$LGD^* = LGD \times (E^*/E)$$

其中 LGD 是在考慮質押品之前，高級的無擔保貸款的標準違約損失率。對無認定擔保的公司、主權和銀行的高級債權，標準違約損失率為 45%；對公司、主權和銀行的全部次級債權，不區分有無風險緩釋技術，標準違約損失率為 75%。以下的內容均針對高級債權的處理。

E 是風險暴露的當前值；E^* 是風險緩釋後的風險暴露。

$$E^* = \max\{0, [E \times (1 + H_e) - C \times (1 - H_c - H_{fx})]\}$$

其中：

H_e 為風險暴露的折扣系數；

C 為風險緩釋前抵押品價值；

H_c 為抵押品的折扣系數；

H_{fx} 為處理抵押品和風險暴露幣種錯配的折扣系數。

E^* 的概念只用於計算違約損失率。除非另有規定，銀行應當在不考慮任何抵押品的情況下計算違約風險暴露。

採用初級內部評級法的商業銀行，應收帳款、商用房地產和居住用房地產以及其他抵（質）押品的信用風險緩釋作用體現為違約損失率的下降，下降程度取決於抵（質）押品當前價值與風險暴露當前價值的比率和抵（質）押水準。採用初級內部評級法的商業銀行，利用多種形式抵（質）押品共同擔保時，需要將風險暴露拆分為由不同抵（質）押品覆蓋的部分，分別計算風險加權資產。拆分按金融質押品、應收帳款、商用房地產和居住用房地產以及其他抵（質）押品的順序進行。

第二章 信用風險管理

採用高級內部評級法的商業銀行，抵（質）押品的信用風險緩釋作用體現在違約損失率的估值中。商業銀行應根據自行估計的抵（質）押品回收率，對各抵（質）押品所覆蓋的風險暴露分別估計違約損失率。銀行在自行估計違約損失率時，應考慮不同業務品種、不同地區、不同行業、不同抵（質）押類型等因素所帶來的回收率的差異。回收所產生的相應成本應在估算違約損失率時予以考慮。

（二）合格淨額結算

合格淨額結算是指以結算參與人為單位，對其買入和賣出交易或借出和借入的餘額進行軋差，以軋差得到的一個淨額與結算參與人進行交收的制度。合格淨額結算包括從屬於有效淨額結算協議的表內淨額結算、從屬於淨額結算主協議的回購交易淨額結算、從屬於有效淨額結算協議的場外衍生工具淨額結算和交易帳戶信用衍生工具淨額結算。一般來說，應對銀行帳戶和交易帳戶的交易分別進行淨額結算，只有當所有的交易當天盯市，且交易中使用的抵押工具均為銀行帳戶中的合格金融質押品時，銀行帳戶和交易帳戶之間的軋差頭寸才可以按照淨額結算處理。商業銀行採用合格淨額結算緩釋信用風險時，應持續監測和控制後續風險，並在淨頭寸的基礎上監測和控制相關的風險暴露。

內部評級法下存貸款表內淨額結算的處理體現為違約風險暴露的下降。通過有效的表內淨額結算風險緩釋技術進行處理後，違約風險暴露採用如下淨風險暴露（E^*）的公式進行計算：

$$E^* = \max\{0, 貸款 - 存款 \times (1 - H_{fx})\}$$

H_{fx}為折扣系數，在資產與負債存在幣種錯配時取8%。折扣系數的最低持有期假定為10個交易日且調整為逐日盯市。

從屬於淨額結算主協議的回購交易，可以將回購的金融資產視為金融質押品處理；也可以視為表內淨額結算進行處理，此時違約風險暴露按照如下公式進行計算：

$$E^* = \max\{0, [\sum(E) - \sum(C) + \sum(E_s \times H_s) + \sum(E_{fx} \times H_{fx})]\}$$

其中：

E^*為風險緩釋後的風險暴露；

E為風險暴露的當前價值；

C為所接受的抵押品的當前價值；

E_s為給定證券的淨頭寸的絕對值；

H_s為適用於E_s的折扣系數；

E_{fx}為與清算幣種錯配的淨頭寸的絕對值；

H_{fx}為使用於幣種錯配的折扣系數。

以上系數可以採用標準化的折扣系數，也可以由各銀行通過考慮證券頭寸的相關性，使用VaR模型計算回購交易中風險暴露和抵押品的價格波動。

從屬於淨額結算主協議的場外衍生交易，在淨額結算前需要首先計算出淨額結算交易的信貸等值，然後乘以交易對手的風險權重得到加權額。信貸等值應為當前暴露淨額與潛在暴露淨額之和：

（1）當前暴露淨額。如果單項合約的正、負市值之和為

第二章 信用風險管理

正,則為其淨額;

(2)潛在暴露淨額(淨增或 A_{Net})。由每筆交易合約本金乘以相應的信用轉換系數(CCF_s)所得之積的40%,再加上每筆交易合約本金乘以相應的信用轉換系數(CCF_s)、淨額比率NGR之積的60%。具體公式如下:

$$A_{Net} = 0.4 \times A_{Gross} + 0.6 \times NGR \times A_{Gross}$$

其中:

A_{Gross}為淨額結算主協議下對同一交易對手的所有合約的潛在暴露淨額(由資本金乘以信用轉換系數得到)之和。

NGR為淨額結算主協議覆蓋的合約的重置成本淨額與重置成本總額的比率。NGR既可以通過對單個交易對手計算得到,也可以通過淨額結算主協議覆蓋的所有交易的總量計算得到。

3. 合格保證和信用衍生工具

採用內部評級高級法的銀行可以通過調整違約概率或違約損失率的估計值來反應保證和信用衍生工具的風險緩釋效應。對不符合自行估計違約損失率的銀行,則只能通過調整違約概率來反應風險緩釋的作用。無論選擇調整違約概率或違約損失率,銀行都必須在不同的保證或信用衍生工具類型之間、在一定的時期內保持方法的一致性。

同一風險暴露由多個保證人提供保證且不劃分保證責任的情況下,在內部評級初級法下,對多個保證人的風險緩釋作用不得同時考慮,商業銀行可以選擇信用等級最好、風險緩釋效果最優的保證人進行風險緩釋處理。

對保證或信用衍生工具覆蓋的部分,採用替代法處理:

（1）採用保證提供方所適用的風險權重函數。

（2）採用保證人評級結果對應的違約概率。如果銀行認為不能採用完全替代的處理方式，也可以採用借款人評級與保證人評級之間的某一個評級的違約概率。

（3）將風險暴露視為保證人的暴露，採用保證的違約損失率替代這筆交易的違約損失率。保證的違約損失率須考慮優先性和擔保承諾的抵押狀況。如保證人未對該筆風險暴露採取其他風險緩釋技術，則採用標準的違約損失率；否則，對保證人的風險緩釋技術需繼續進行處理。

對風險暴露無風險緩釋工具覆蓋的部分，採用借款人評級及標準違約損失率確定風險權重。

如果信用保護的貨幣與風險暴露的貨幣不同，即存在幣種錯配，則認定已保護部分的風險暴露將通過折扣系數 H_{fx} 予以降低。具體公式如下：

$G_a = G \times (1 - H_{fx})$

其中：

G_a 為信用保護覆蓋並經幣種錯配調整後的風險暴露；

G 為保護部分的名義價值；

H_{fx} 為適用於信用保護和對應負債幣種錯配的折扣系數。折扣系數為8%，最低持有期假定為10個交易日且調整為逐日盯市。

在內部評級高級法下，如果商業銀行可以通過歷史數據證明多人聯保的風險緩釋作用大於單個保證，允許商業銀行考慮每個保證人對降低風險的貢獻，並體現為違約損失率的下降。

第二章　信用風險管理

（4）信用風險緩釋工具池：

①在內部評級初級法下風險緩釋技術池的處理。如對單獨一項風險暴露存在多項信用風險緩釋技術，則銀行須將風險暴露再細分為每一信用風險緩釋技術對應的部分（如抵押品部分、保證部分），每一部分分別計算加權風險資產。如信用保護由一個信用保護者提供，但有不同的期限，也應細分為幾個獨立的信用保護。細分的規則應使風險緩釋作用發揮最大。

②在內部評級高級法下風險緩釋技術池的處理。如果商業銀行通過增加風險緩釋技術可以提高對風險暴露的回收率，則鼓勵商業銀行對同一風險暴露增加風險緩釋技術來降低違約損失率。採用此種方法處理的商業銀行必須證明此種方式對風險抵補的有效性，並建立合理的多重風險緩釋技術處理的相關程序和方法。

三、關鍵業務環節控制

信貸業務流程涉及很多重要環節，本節僅就授信權限管理、貸款定價、信貸審批以及貸款轉讓和貸款重組中與信用風險管理密切相關的關鍵環節進行介紹。

（一）授信權限管理

商業銀行內部風險管理制度必須在設立授信權限方面作出職責安排和相關規定，並對彈性標準進行明確定義。授信權限管理通常遵循以下原則：

（1）給予每一交易對方的信用須得到一定權力層次的批准；

（2）集團內所有機構在進行信用決策時應遵循一致的標準；

（3）債項的每一個重要改變（如主要條款、抵押結構及主要合同）應得到一定權力層次的批准；

（4）交易對方風險限額的確定和單一信用風險暴露的管理應符合組合的統一指導及信用政策，每一決策都應建立在風險—收益分析基礎之上；

（5）根據審批人的資歷、經驗和崗位培訓，將信用授權分配給審批人並定期進行考核。

（二）貸款定價

（1）貸款定價的決定要素

貸款定價的形成機制比較複雜，市場、銀行和監管機構這三方面是形成均衡定價的三個主要力量。貸款定價通常由以下因素來決定：

貸款最低定價 =（資金成本 + 經營成本 + 風險成本 + 資本成本）/貸款額

資金成本包括債務成本和股權成本，經營成本以所謂的部門成本包括在價格計算中。風險成本一般指預期損失。資金成本主要是指用來覆蓋該筆貸款的信用風險所需要的經濟資本的機會成本，它在數值上等於經濟資本與股東最低資本回報率的乘積。

RAROC（風險調整資產收益率）在貸款定價中應用的一般公式為：

RAROC =（某項貸款的年收入 – 各項費用 – 預期損失）/監管或經濟資本

式中，預期損失代表商業銀行為風險業務計提的各項準備，而經濟資本則是用來抵禦商業銀行的非預期損失所需的資本。

（2）貸款定價的影響因素

貸款定價不僅受單個借款者風險的影響，還受商業銀行當前資產組合結構的影響。

（三）信貸審批

信貸審批是在貸前調查和分析的基礎上，由獲得授權的審批人在規定的限額內，結合交易對方或貸款申請人的風險評級，對其信用風險暴露進行詳細的評估之後作出信貸決策的過程。在評估過程中，既要考慮客戶的信用等級，又要考慮具體債項的風險。信用評估過程不僅反應信用決策的結果，而且考驗決策層的信用管理水準。

（四）貸款轉讓

貸款轉讓通常指貸款有償轉讓，是貸款的原債權人將已經發放但未到期的貸款有償轉讓給其他機構的經濟行為，又被稱為貸款出售。其主要目的是為了分散風險、增加收益、實現資產多元化、提高經濟資本配置效率。貸款轉讓可以實現信用風險的轉移。

貸款轉讓按轉讓的貸款筆數可分為單筆貸款轉讓和組合（打包）貸款轉讓；按轉讓貸款的資金流向可分為一次性轉讓和回購式轉讓；按原債權人對已轉讓貸款是否承擔風險可分為無追索轉讓和有追索轉讓；按原債權人對已轉讓貸款是否參與管理可分為代管式轉讓和非代管式轉讓；按新債權人

確定方式可分為定向轉讓與公開轉讓（通常通過招標）。

大多數貸款的轉讓屬於一次性、無追索、一組同質性的貸款（如住房抵押貸款）在貸款二級市場上公開打包出售。

（五）貸款重組

貸款重組是當債務人因種種原因無法按原有合同履約時，商業銀行為了降低客戶違約風險引致的損失，而對原有貸款結構（期限、金額、利率、費用、擔保等）進行調整、重新安排、重新組織的過程。貸款重組應注意以下幾個方面：①是否屬於可重組的對象或產品；②為何進入重組流程；③是否值得重組，即重組的成本與重組後可減少的損失孰大孰小；④對抵押品、質押物或保證人一般應重新進行評估。

貸款重組主要包括以下措施：①調整信貸產品，包括從高風險品種調整為低風險品種、從有信用風險品種調整為無信用風險品種、從項目貸款調整為週轉性貸款、從無貿易背景的品種調整為有貿易背景的品種、從部分保證的品種調整為100%保證的品種；②減少貸款額度；③調整貸款期限；④調整貸款利率；⑤增加控制措施，限制企業經營活動。

第三章 市場風險管理

近年來,中國商業銀行之間的競爭日趨激烈,來自企業的「脫媒」行為、金融產品創新對銀行傳統業務的衝擊,以及資金拆借市場、債券交易市場等的建立和發展,促使商業銀行的經營行為和方式發生重大轉變,經營重點由傳統的貸款業務向多元化的組合方式發展,商業銀行面臨的市場風險也變得更加突出。

第一節 市場風險概述

一、市場風險的定義

2004年12月16日,中國銀行業監督管理委員會第30次主席會議通過了《商業銀行市場風險管理指引》(下文簡稱為《指引》),並自2005年3月1日起施行。《指引》對市場風險下了完整和全面的定義:市場風險是指因市場價格(利率、匯率、股票價格和商品價格)的不利變動而使銀行表內和表外業務發生損失的風險。市場風險存在於銀行的交易和非交易業務中。這類風險與金融市場本身的成熟程度相關,市場越成熟,市場風險就越小;市場越不成熟,市場風險越大。市場風險一旦大規模發生,不僅會給投資者帶來極

大的損失和傷害，而且會給整個金融市場帶來災難性的破壞。

二、市場風險的分類

市場風險可以分為利率風險、匯率風險（包括黃金）、股票價格風險和商品價格風險，分別是由於利率、匯率、股票價格和商品價格的不利變動而可能給商業銀行造成經濟損失的風險。

（一）利率風險

利率風險按照來源不同，分為重新定價風險、收益率曲線風險、基準風險和期權性風險。

1. 重新定價風險

重新定價風險也稱為期限錯配風險，是最主要和最常見的利率風險形式，來源於銀行資產、負債和表外業務到期期限（就固定利率而言）或重新定價期限（就浮動利率而言）所存在的差異。這種重新定價的不對稱性使銀行的收益或內在經濟價值會隨著利率的變動而變化。例如，如果銀行以短期存款作為長期固定利率貸款的融資來源，當利率上升時，貸款的利息收入是固定的，但存款的利息支出卻會隨著利率的上升而增加，從而使銀行的未來收益減少、經濟價值降低。

2. 收益率曲線風險

重新定價的不對稱性也會使收益率曲線斜率、形態發生變化，即收益率曲線的非平行移動，對銀行的收益或內在經濟價值產生不利影響，從而形成收益率曲線風險，也稱為利

第三章　市場風險管理

率期限結構變化風險。例如，若以 5 年期政府債券的空頭頭寸為 10 年期政府債券的多頭頭寸進行保值，當收益率曲線變陡的時候，雖然上述安排已經對收益率曲線的平行移動進行了保值，但該 10 年期債券多頭頭寸的經濟價值還是會下降。

3. 基準風險

基準風險也稱為利率定價基礎風險，是另一種重要的利率風險來源。在利息收入和利息支出所依據的基準利率變動不一致的情況下，雖然資產、負債和表外業務的重新定價特徵相似，但因其現金流和收益的利差發生了變化，也會對銀行的收益或內在經濟價值產生不利影響。例如，一家銀行可能用一年期存款作為一年期貸款的融資來源，貸款按照美國國庫券利率每月重新定價一次，而存款則按照倫敦同業拆借市場利率每月重新定價一次。雖然用一年期的存款為來源發放一年期的貸款，由於利率敏感性負債與利率敏感性資產的重新定價期限完全相同而不存在重新定價風險，但因為其基準利率的變化可能不完全相關，變化不同步，仍然會使該銀行面臨著因基準利率的利差發生變化而帶來的基準風險。

4. 期權性風險

期權性風險是一種越來越重要的利率風險，來源於銀行資產、負債和表外業務中所隱含的期權。一般而言，期權賦予其持有者買入、賣出或以某種方式改變某一金融工具或金融合同的現金流量的權利，而非義務。期權可以是單獨的金融工具，如場內（交易所）交易期權和場外期權合同，也可以隱含於其他的標準化金融工具中，如債券或存款的提前兌付、貸款的提前償還等選擇性條款。一般而言，期權和期權

性條款都是在對買方有利而對賣方不利時執行，因此，此類期權性工具因具有不對稱的支付特徵而會給賣方帶來風險。比如，若利率變動對存款人或借款人有利，存款人就可能選擇重新安排存款，借款人也可能選擇重新安排貸款，從而對銀行產生不利影響。如今，越來越多的期權品種因具有較高的槓桿效應，還會進一步增大期權頭寸可能會對銀行財務狀況產生的不利影響。

以存貸款業務為主的商業銀行在資產和負債的期限結構上通常是不匹配的，這就意味著利率的上升或下降會帶來銀行價值和收益的巨大變動。通常銀行吸收存款的期限較短而提供貸款的期限較長，如果利率上升，對其負債（也就是期限較短的存款）來說，總體價值下降得並不多；而對資產（期限較長的貸款）來說，會有一個比較大的價值的下降，因而銀行的價值就會減少。一些特殊業務，如住房信貸對利率的變化尤其敏感，當利率下降時，貸款人通常會選擇提前還款，這也帶來了銀行再投資的風險從而影響到這類資產的價值。

（二）匯率風險

匯率風險又稱為外匯風險，是指經濟主體在持有或者運用外匯的經濟活動中，因匯率波動而蒙受損失的可能性。從事涉外貿易、投資和借貸活動的經濟主體，不可避免地會在國際範圍內收付大量外匯或者擁有以外幣表示的資產和債權債務。商業銀行在市場經濟中扮演中間人的角色，必然為這些經濟主體服務，商業銀行在參與到這些國際經濟往來的活動中時，不可避免地主動或者被迫持有外匯資產或者債權債

第三章 市場風險管理

務。匯率的頻繁波動，給外匯持有者或運用者帶來不確定性，有可能帶來巨大的損失，也有可能帶來收益。這樣，商業銀行也就面臨著匯率波動帶來的不確定性。黃金作為世界貨幣流通體系中的硬通貨，商業銀行持有或收付運用黃金時，由於黃金在國際上的價格的波動，帶來的可能損失和收益，也是商業銀行所面臨的市場風險。而之所以將黃金與外幣歸在同一類，其原因乃在於黃金的波動率與外幣類似且銀行管理二者的方式也相當雷同。由於各國貨幣系由各國中央銀行發行，而黃金則有其標準規格，故並無所謂個別風險存在，僅需針對一般市場風險計提資本。外匯風險資本計提範圍包括銀行所持有外國貨幣及黃金（交易簿與銀行簿所列部位均需計入）。外匯風險資本計提系先將各幣別淨長部位與淨短部位依即期匯率換算為人民幣，並分別計算出淨長部位合計數與淨短部位合計數，再取其中絕對值較大者加上黃金淨部位絕對值，即為外匯風險應計提資本的部位。

按照風險發生的時間階段，將外匯風險來源分為三類：會計風險、交易風險和經濟風險。

1. 交易風險

交易風險是指在計劃、進行或者已經完成的銀行外匯買賣等外幣計價的業務交易中，由於持有外匯頭寸的多頭或者空頭，匯率的波動使其蒙受損失。以外匯買賣為基本業務的銀行承擔的主要是這種風險。商業銀行在業務經營中也會遇到交易結算風險，交易結算風險是一般企業在以外幣計價進行交易活動中，由於將來進行交易結算時所運用的匯率沒法確定而產生的風險。比如，出口企業以美元計價簽訂出口合

同，從簽訂合同開始到實際裝船，將匯票在外匯銀行議付到最後收到人民幣貨款為止，這筆出口交易的人民幣貨款是不確定的，從而最終結算時的匯率水準直接影響這筆交易的損益。該筆以外幣計價的交易金額就是受險部分。

2. 會計風險

跨國公司在編製合併會計報表時，需要將海外分公司的財務報表按照一定的會計準則轉換為本國貨幣來表示。於是當匯率發生波動時，資產負債表中的外幣計價的項目會發生波動，產生帳面損失，這就是外匯風險中的會計風險。會計風險又稱折算風險或轉換風險，其規範的定義是：由於匯率變化而引起資產負債表中某些以外幣計量的資產、負債、收入和費用在折算成本國貨幣表示的項目時可能產生的帳面損失。

3. 經濟風險

經濟風險又稱為經營風險，是指商業銀行在未來的一定期間盈利能力與現金流量由於匯率變動所可能引起的意料之外的損失。意料之內的匯率變動不包括在經濟風險中。因為銀行在經營決策時，已經把意料到的匯率變動對未來收益的影響考慮進去，就不構成風險了。所以經濟風險很大程度上取決於銀行對匯率波動預測的準確性，並直接影響銀行承擔的經濟風險的程度。

第三章　市場風險管理

> **案例分析**
>
> 　　銀行吸收了一筆 1 年期美元存款 1,000 萬美元，同時某客戶要求發放一筆 1 年期歐元貸款 1,000 萬歐元。假定當前美元對歐元的匯率是 1∶1，則銀行可在外匯市場上將 1,000 萬美元換成等額歐元後貸給客戶。當存、貸款到期時，如果美元對歐元的匯率上升到 1∶1.3，也就是說歐元貶值 30%，貸款客戶歸還的 1,000 萬歐元就只能兌換大約 770 萬美元，但銀行必須支付 1,000 萬美元給存款客戶，銀行因此出現了 230 萬美元的巨額虧損，這就是匯率風險。假如銀行沒有用美元換成歐元發放貸款，而是從新的客戶或市場上籌集一筆歐元發放貸款，那麼即便美元對歐元的匯率發生波動，也不會導致上述損失。因此，幣種結構的不匹配可能導致匯率風險。

（三）股票價格風險

股票價格風險主要指銀行投資的股票等證券價格發生變動的風險。股票價格波動相對於利率和匯率來說，更難以察覺和尋找規律，往往有許多因素摻雜在一起而造成。這其中既有宏觀經濟的因素，也包括了具體的企業經營的微觀因素，還有可能含有行業層面上的原因。銀行通常會將資金投資於一些股票或證券衍生產品，其價格變動不可避免地會給銀行帶來意外的損失或收穫。

（四）商品價格風險

根據《巴塞爾新資本協議》，商品被定義為有組織的市

場交易的有形商品，如農產品、石油、天然氣、貴金屬（不包括黃金）。商品的價格受季節供求變化的影響大，存貨對市場價格也發揮著重要作用，商品價格受多種因素的影響，其價格波動產生的商品風險也就很難衡量。商品風險資本計提範圍包括實質產品已經或可能在次級市場交易者，如農產品、礦物（包括石油）及貴金屬（不包括黃金），且不論是交易簿或銀行簿所列部位均需計入。而如前所言，商品風險僅需針對一般市場風險進行資本計提。

第二節　市場風險的識別

市場風險的識別是指對銀行面臨的各種各樣的市場風險因素進行認識、鑑別與分析。風險識別是基礎環節，首先，銀行要分析自身的市場風險暴露，即風險範圍、風險業務種類以及受風險影響的程度。銀行可以針對具體的資產負債項目進行分析，比如哪些資產的收益是固定的，哪些資產的收益是浮動的，以及負債的成本是固定的還是變化的。其次，銀行還要對資產負債匹配狀況進行整體上的考察，比如利率缺口、匯率敞口等。對於表外業務期權、期貨等金融衍生工具的市場風險要能夠準確判斷，對於新開展的業務要做好市場風險評價。

商業銀行要進一步對市場風險的成因和特徵進行分析，針對利率、匯率、股票價格和商品價格的市場變化，做出準確判斷。只有全面、完整和有效地識別市場風險，並準確地判斷風險的特徵，商業銀行才能管理好、控制好市場風險。

第三章　市場風險管理

下面介紹幾種主要交易產品的風險特徵。

一、即期

即期不屬於衍生產品，但它是衍生產品交易的基礎工具，通常指現金交易或現貨交易。交易的一方按約定價格買入或賣出一定數額的金融資產，交付及付款在合約訂立後的兩個營業日內完成。即期交易可在世界各地的簽約方之間進行。由於時區不同，需要向後推遲若干時間，以執行付款指令及記錄必要的會計帳目。這就是慣例規定交付及付款最遲於現貨交易後兩天執行的原因。在實踐中，即期外匯買賣簡稱為即期，即交割日為交易日以後的第二個工作日（銀行的營業日）的外匯交易。所謂交割日也是外匯交易合同的到期日，在該日交易雙方互相交換貨幣。即期外匯買賣是外匯交易中最基本的交易，可以滿足客戶對不同貨幣的需求。例如，某進出口公司持有美元，但要對外支付的貨幣是日元，可以通過即期外匯交易，賣出美元，買入日元，以滿足對外支付日元的需要。即期外匯交易還可以用於調整持有不同外匯頭寸的比例，以避免發生外匯風險。例如，某國家外匯儲備中美元所占比重較大，但為了防止美元下跌帶來損失，可以賣出一部分美元，買入日元、歐元等其他國際主要儲備貨幣，以避免產生外匯風險。此外，即期外匯交易還被用於外匯投機。

二、遠期

遠期產品通常包括遠期外匯交易和遠期利率合約。

遠期外匯交易是由交易雙方約定在未來某個特定日期，依交易時所約定的幣種、匯率和金額進行交割的外匯交易。其中，遠期匯率反應了貨幣的遠期價值，其決定因素包括即期匯率、兩種貨幣之間的利率差、期限等。遠期匯率可以根據無風險套利原理推導出來，即兩種貨幣按照該遠期匯率用各自的利率分別折現後的比率應該等於這兩種貨幣的即期匯率。遠期外匯交易是最常用的規避匯率風險、固定外匯成本的方法。遠期外匯交易與即期外匯交易的根本區別在於交割日不同。凡是交割日在成交兩個營業日以後的外匯交易均屬於遠期外匯交易。

　　遠期利率合約交易是從遠期對遠期存款市場發展而來的。遠期利率合約是買賣雙方在該市場上達成的一筆未來固定利率的名義利率貸款。遠期利率合約是交易雙方在對市場趨勢分析差異的基礎上，出於不同的目的而簽訂的。一方為避免利率上升的風險，另一方為防範利率下降的風險，雙方約定為在未來某個期限使用的一筆資金事先商定一個利率。支付該約定利率者為買方，即在結算日收到對方支付市場利率的交易方，是名義上的借款人；收到該約定利率者為賣方，即在結算日支付市場利率的交易方，是名義上的貸款人。之所以稱為「名義上」，是因為沒有實際貸款發生，即實際上並沒有本金和利息的支付，是一個虛擬的借貸行為。雙方在結算日根據當日市場利率（通常是在結算日前兩個營業日使用倫敦同業拆借利率來決定結算日的市場利率）與約定的利率結算利差，由利息金額大的交易一方支付給利息金額小的交易一方利差現金。遠期利率合約標價的標準日期

第三章 市場風險管理

（即合約期）一般是3、6、9、12個月，最長的是兩年。銀行有時也為零星的不標準期限標價。

遠期利率合約是一種不在交易所進行，而在場外成交的金融交易。交易者主要是商業銀行、商人銀行和清算銀行，也有非金融機構客戶利用它來規避遠期借貸利率上升的風險。現實中的遠期利率合約市場與外匯市場一樣，是一個由銀行的電話、電傳和電腦網絡等聯繫起來的全球市場。

遠期利率合約給銀行提供了一種管理利率風險而無需改變銀行資產負債表的有效工具。這是因為遠期利率合約交易的本金不流動，而且利率也是差額結算，所以資金流動量較小。遠期利率合約用來削減銀行同業往來帳，其優勢特別明顯，某些銀行利用這種交易能削減其同業往來帳的40%。這對增加銀行的資本比例和改善銀行業務的資產收益率十分有益。與金融期貨相比，遠期利率合約具有簡便、靈活和不需支付保證金等特點。它無需在交易所成交，對一些沒有期貨合約的貨幣來說，更具吸引力。遠期利率合約不必如期貨交易那樣有固定的交割日和標準的金額，具體的要求可通過交易雙方協商達成交易。並且無需支付一定比例的保證金，僅憑信用就可成交。但遠期利率合約也有不利之處。由於遠期利率合約是場外交易，往往較難找到合適的交易對手，也不能進行對沖交易。每筆交易都是相對獨立的交易，僅能與另一筆遠期利率合約掉換，不能出賣或衝銷原合約。遠期利率合約的信用風險隨著交易對手的變化而發生變化。一般銀行對遠期利率合約交易用本金的5%來測算其信用風險限額。

> **相關知識：利率平價理論**
>
> 凱恩斯和愛因齊格認為均衡匯率是通過國際拋補套利所引起的外匯交易形成的。在兩國利率存在差異的情況下，資金將從低利率國流向高利率國以謀取利潤。但套利者在比較金融資產的收益率時，不僅考慮兩種資產利率所提供的收益率，還要考慮兩種資產由於匯率變動所產生的收益變動，即外匯風險。套利者往往將套利與掉期業務相結合，以避免匯率風險，保證無虧損。大量掉期外匯交易的結果是，低利率國貨幣的現匯匯率下浮，期匯匯率上浮；高利率國貨幣的現匯匯率上浮，期匯匯率下浮。遠期差價為期匯匯率與現匯匯率的差額，由此低利率國貨幣就會出現遠期升水，高利率國貨幣則會出現遠期貼水。隨著拋補套利的不斷進行，遠期差價就會不斷加大，直到兩種資產所提供的收益率完全相等，這時拋補套利活動就會停止，遠期差價正好等於兩國利差，即利率平價成立。
>
> 因此我們可以歸納一下利率平價說的基本觀點：遠期差價是由兩國利率差異決定的，並且高利率國貨幣在期匯市場上必定貼水，低利率國貨幣在期匯市場上必定升水。

三、期貨

期貨是在交易所裡進行交易的標準化的遠期合同，標的物可以是某種商品例如黃金、原油、農產品，也可以是金融工具，還可以是金融指標。1972年，美國芝加哥商品交易所

（CBOT）的國際貨幣市場首次進行國際貨幣的期貨交易。1975年，芝加哥商業交易所（CME）開展房地產抵押證券的期貨交易，標誌著金融期貨交易的開始。

目前，已經開發出的金融期貨合約主要有三大類：一是利率期貨；二是貨幣期貨；三是股（票）指（數）期貨。利率期貨是指以債券類證券為標的物的期貨合約，它可以迴避銀行利率波動所引起的證券價格變動的風險。按照合約標的的期限，利率期貨通常可分為短期利率期貨和長期利率期貨兩大類。貨幣期貨，指以匯率為標的物的期貨合約，又稱外匯期貨。它是以匯率為標的物的期貨合約，用來迴避匯率風險。貨幣期貨是適應各國從事對外貿易和金融業務的需要而產生的，目的是借此規避匯率風險。股指期貨是以股票指數為標的物的期貨合約，雙方交易的是一定期限後的股票指數價格水準，通過現金結算差價來進行交割。

期貨市場本身具有兩個基本的經濟功能：一方面，期貨交易具有規避市場風險的功能。期貨交易的產生，為現貨市場提供了一個迴避價格風險的場所和手段，其主要原理是利用期現貨兩個市場進行套期保值交易。在實際的生產經營過程中，為避免商品價格的千變萬化導致成本上升或利潤下降，可利用期貨交易進行套期保值，即在期貨市場上買進或賣出與現貨市場上數量相等但交易方向相反的期貨合約，使期現貨市場交易的損益相互抵補，從而鎖定企業的生產成本或商品銷售價格，保住既定利潤，迴避價格風險。另一方面，期貨交易有助於發現公平價格。由於期貨交易是公開進行的對遠期交割商品的一種合約交易，在這個市場上集中了

大量的市場供求信息，不同的人從不同的地點對各種信息的不同理解，通過公開競價形式產生對遠期價格的不同看法。期貨交易過程實際上就是綜合反應供求雙方對未來某個時間供求關係變化和價格走勢的預期。這種價格信息具有連續性、公開性和預期性的特點，有利於增加市場透明度，提高資源配置效率。

遠期合約和期貨都是指在確定的未來時間按確定的價格購買或出售某項資產的協議。兩者的區別在於：第一，遠期合約是非標準化的，貨幣、金額和期限都可靈活商定，而期貨合約是標準化的；第二，遠期合約一般通過金融機構或經紀商櫃臺交易，合約持有者面臨交易對手的違約風險，而期貨合約一般在交易所交易，由交易所承擔違約風險；第三，遠期合約的流動性較差，合約一般要持有到期，而期貨合約的流動性較好，合約可以在到期前隨時平倉。

四、互換

互換是一種雙方商定在一段時間內彼此相互交換現金的金融互換交易。較為常見的互換主要有利率互換和貨幣互換。

利率互換是指雙方同意在未來的一定期限內根據同種貨幣的同樣的名義本金交換現金流，其中一方的現金流根據浮動利率計算出來，而另一方的現金流根據固定利率計算。利率互換主要有以下作用：一是規避利率波動的風險，二是交易雙方利用自身在不同種類利率上的比較優勢有效地降低各自的融資成本。

第三章 市場風險管理

> **案例分析**
> 某機構購入國債，以作為準備金，且不打算出售。但其研究部門預測市場利率在未來將上揚，國債價格將下跌，該機構可與銀行做利率互換交易以規避利率風險。機構將國債的固定利息收入支付給銀行，銀行支付給機構浮動利息。

貨幣互換是指將一種貨幣的本金和固定利息與另一貨幣的等價本金和固定利息進行交換。貨幣互換的目的在於降低籌資成本及防止匯率變動風險造成的損失。利率互換是相同貨幣債務間的調換，而貨幣互換則是不同貨幣債務間的調換。貨幣互換雙方互換的是貨幣，它們之間各自的債權債務關係並沒有改變。

五、期權

期權又稱為選擇權，是在期貨的基礎上產生的一種衍生金融工具。從其本質上講，期權實質上是在金融領域中將權利和義務分開進行定價，使得權利的受讓人在規定時間內決定是否進行交易以行使其權利，而義務方必須履行。在期權交易時，購買期權的一方稱為買方，而出售期權的一方則叫做賣方；買方即是權利的受讓人，而賣方則是必須履行買方行使權利的義務人。期權交易的標的可以是外匯、債券、股票、貴金屬、石油等。期權的種類很多，根據不同分類標準，主要有以下幾種：

（1）按期權買方的權利劃分，有看漲期權與看跌期權。

看漲期權是指期權的買方有權按照執行價格和規定時間從賣方手中買進一定數量的標的資產。看漲期權又稱為買權、買入選擇權、認購期權或買方期權等。

案例分析

某年1月1日，標的物是銅期貨，它的期權執行價格為1,850美元/噸。A買入這個權利，付出5美元；B賣出這個權利，收入5美元。2月1日，銅期貨價上漲至1,905美元/噸，看漲期權的價格漲至55美元。A可採取兩個策略：①行使權利：A有權按1,850美元/噸的價格從B手中買入銅期貨；B在A提出這個行使期權的要求後，必須予以滿足，即便B手中沒有銅，也只能以1,905美元/噸的市價在期貨市場上買入而以1,850美元/噸的執行價賣給A。而A則可以1,905美元/噸的市價在期貨市場上拋出，獲利50美元/噸。B則損失50美元/噸。②售出權利：A可以55美元的價格售出看漲期權，A獲利50美元/噸。

如果銅價下跌，即銅期貨市價低於敲定價格1,850美元/噸，A就會放棄行使這個權利。此時A只損失5美元權利金，B則淨賺5美元。

看跌期權是指期權的買方有權按照執行價格和規定時間將一定數量的標的資產賣給賣方。看跌期權又稱為賣權、賣出選擇權、認沽期權、賣方期權等。

（2）按期權買方執行期權的時限劃分，有歐式期權與美

式期權。

歐式期權是指期權買方只有在期權到期日才能執行的期權。在期權到期日前，不得要求賣方履行期權合約。

美式期權是指期權買方在期權到期日前的任何時間均可執行的期權。

美式期權與歐式期權是根據行權時間來劃分的，與地理位置無關。此外，美式期權比歐式期權更為靈活，賦予買方更多的選擇，而賣方則時刻面臨著履約的風險。因此，美式期權的權利金相對較高。

（3）按其是否在交易所交易劃分，有場內期權與場外期權。

場內期權是指在交易所內以固定的程序和方式進行的期權交易，又稱上市期權。

場外期權是指不能在交易所上市交易的期權，又稱零售期權。

場內期權與場外期權的區別主要表現在期權合約是否標準化。場外市場是指管制較少的市場，期權合約可以私下交易，但其交易成本要比場內高。場外期權的優點是其非標準化的合約可以彌補交易所標準化合約的不足，可以滿足資產管理人的一些特殊要求，並且除交易雙方外，其他人無法掌握交易的相關信息。相對於場外期權，交易所提供的二級市場為投資者提供了充分的流動性，同時所有期權合約都由結算公司進行結算。結算公司作為所有期權投資者的對手方承受交易對手方的信用風險。因此，場內期權持有者不必擔心交易對手方的信用。

（4）按執行價格與標的物市價的關係劃分，有實值期權、平值期權、虛值期權。

實值期權（價內期權）：期貨價格高於執行價格的看漲期權以及期貨價格低於執行價格的看跌期權。

平值期權（平價期權）：期貨價格等於執行價格的期權。

虛值期權（價外期權）：期貨價格低於執行價格的看漲期權以及期貨價格高於執行價格的看跌期權。

第三節　市場風險的計量

市場風險的計量是指對市場風險水準的分析和估量，包括計量各種市場風險導致損失的可能性的大小以及損失發生的範圍和程度。市場風險計量是市場風險識別的延續。準確地評估市場風險的大小對最大限度地減少損失和獲取利潤都十分重要。如果對市場風險估計不足，銀行就不會採取相應的措施來規避風險或盡力減少風險可能造成的損失；相反，若對風險估計過高，也可能會因此而付出不必要的管理成本，且失去獲取更大收益的機會。

一、基本概念

（一）名義價值、市場價值、公允價值、市值重估

1. 名義價值

名義價值是指銀行持有的金融資產根據歷史成本反應的帳面價值。在市場風險管理過程中，由於利率、匯率等市場價格因素的頻繁變動，名義價值一般不具有實質性意義。其

第三章　市場風險管理

對風險管理的意義主要體現在：一是在金融資產的買賣實現後，衡量交易方在該筆交易中的盈虧情況；二是作為初始價格，通過模型從理論上計算金融資產的限制，為交易活動提供參考數據。

2. 市場價值

市場價值是指在評估基準日，自願的買賣雙方在知情、謹慎、非強迫的情況下，通過公平交易資產所獲得的資產的預期價值。

3. 公允價值

公允價值是指交易雙方在公平交易中可接受的資產或債權價值。公允價值的計量方式有以下四種：一是直接獲得的市場價格；二是公認的模型估算市場價格；三是實際支付價格；四是允許使用企業特定的數據，該數據應能被合理估算，並且與市場預期不衝突。

4. 市值重估

市值重估是指對交易帳戶頭寸重新估算其市場價值。商業銀行應當對交易帳戶頭寸按市值每日至少重估一次價值。市值重估應當由與前臺相獨立的中臺、後臺、財務會計部門或其他相關職能部門或人員負責。用於重估的定價因素應當從獨立於前臺的渠道獲取或者經過獨立的驗證。前臺、中臺、後臺、財務會計部門、市場風險管理部門等用於估值的方法和假設應當盡量保持一致，在不完全一致的情況下，應當制定並使用一定的校對、調整方法。商業銀行通常採用以下兩種方法進行市值重估。

（1）盯市：按照市場價格計值。按照市場價格對頭寸的

計值至少應逐日進行，其好處在於收盤價往往有獨立的信息來源，並且很容易得到。商業銀行必須盡可能按照市場價格計值。

（2）盯模：按照模型計值。當按市場價格計值存在困難時，銀行可以按照數理模型確定的價值計值，就是以某一個市場變量作為計值基礎，推算出或計算出交易頭寸的價值。

（二）敞口頭寸

敞口頭寸是指由於沒有及時抵補而形成的某種貨幣買入過多或某種貨幣賣出過多。敞口頭寸限額一般需規定敞口頭寸的金額和允許的時間，一般分為單幣種敞口頭寸和總敞口頭寸。

（1）單幣種敞口頭寸是指每種貨幣的即期淨敞口頭寸、遠期淨敞口頭寸以及調整後的期權頭寸之和，反應單一貨幣的外匯風險。

①即期淨敞口頭寸。即期淨敞口頭寸是指計入資產負債表內的業務所形成的敞口頭寸，等於表內的即期資產減去即期負債。原則上，要包括資產負債表內的所有項目，即應收、應付利息也應包括在內，但變化較小的結構性資產或負債和未到交割日的現貨合約除外。

②遠期淨敞口頭寸。遠期淨敞口頭寸主要是指買賣遠期合約而形成的敞口頭寸，其數量等於買入的遠期合約頭寸減去賣出的遠期合約頭寸。遠期合約包括遠期外匯合約、遠期期貨合約以及未到交割日和已到交割日但尚未結算的現貨合約，但不包括期權合約。

③期權敞口頭寸。持有期權的敞口頭寸等於銀行因持有

期權而可能需要買入或賣出的每種外匯的總額。賣出期權的敞口頭寸等於銀行因賣出期權而可能需要買入或賣出的每種外匯的總額。

④其他敞口頭寸，如以外幣計值的擔保業務和類似的承諾等，如果可能被動使用，又是不可撤銷的，就應當記入外匯敞口頭寸。

加總上述四項要素，便得到單一貨幣敞口頭寸。如果某種外匯的敞口頭寸為正值，則說明機構在該幣種上處於多頭；如果某種外匯的敞口頭寸為負值，則說明機構在該幣種上處於空頭。

（2）總敞口頭寸反應整個貨幣組合的外匯風險，有三種計算方法：一是累計總敞口頭寸法。累計總敞口頭寸等於所有外幣的多頭與空頭的總和。這種計量方法比較保守。二是淨總敞口頭寸法。淨總敞口頭寸等於所有外幣多頭總額與空頭總額之差。該方法主要考慮不同貨幣匯率波動的相關性，認為多頭和空頭存在對沖效應，這種計量方法較為激進。三是短邊法。首先，分別加總每種外匯的多頭和空頭（分別稱為淨多頭頭寸之和與淨空頭頭寸之和）；其次，比較兩個總數；最後，把較大的一個總數作為銀行的總敞口頭寸。短邊法的優點在於既考慮到多頭與空頭同時存在風險，又考慮到它們之間的抵補效應。

> **案例分析**
>
> 　　假如一家銀行的外匯敞口頭寸如下：日元多頭150，德國馬克多頭200，英鎊多頭250，法國法郎空頭120，美元空頭280。則：
> 　　累計總敞口頭寸 = 150 + 200 + 250 + 120 + 280 = 1,000；
> 　　淨總敞口頭寸 = (150 + 200 + 250) - (120 + 280) = 200；
> 　　短邊法計算淨多頭頭寸之和為600，淨空頭頭寸之和為400，因此短邊法計算的外匯總敞口頭寸為600。

(三) 久期

　　久期也稱持續期，是1938年由麥考雷提出的。它是對金融工具的利率敏感程度或利率彈性的直接衡量。其數學公式為：

$$\Delta P = -P \times D \times \frac{\Delta y}{(1+y)}$$

　　式中，P代表當前價格，ΔP代表價格的微小變動幅度，y代表收益率，Δy代表收益率的變動幅度，D為久期。該公式表示，收益率的微小變化將使價格發生反比例的變動，而且變動的幅度將取決於久期的長短，久期越長，它的變動幅度也就越大。

第三章 市場風險管理

案例分析

假設某10年期債券當前的市場價格為100元,債券久期為9.5年,當前市場利率為2%。如果市場利率提高1.5%,則該債券的價格變化為:

ΔP = -100×9.5×0.001,5/(1+0.02) = -1.397

則該債券的價格降低了1.397元。

用 D_A 表示總資產的加權平均久期,D_L 表示總負債的加權平均久期,V_A 表示總資產的初始值,V_L 表示總負債的初始值。當市場利率變動時,資產和負債的變化公式如下:

$$\Delta V_A = -V_A \times D_A \times \frac{\Delta y}{(1+y)}$$

$$\Delta V_L = -V_L \times D_L \times \frac{\Delta y}{(1+y)}$$

從上式看出,當市場利率 y 變動時,銀行資產價值和負債價值的變動方向與市場利率的變動方向相反,而且銀行資產與負債的久期越長,資產與負債價值變動的幅度越大,即利率風險越大。

銀行可以使用久期缺口來測量其資產負債的利率風險。久期缺口是資產加權平均久期與負債加權平均久期和資產負債率乘積的差額,即:

久期缺口 = 資產加權平均久期 - (總負債/總資產) × 負債加權平均久期

當久期缺口為正值時,資產的加權平均久期大於負債的加權平均久期與資產負債率的乘積。當久期缺口為負值時,市場

利率上升，銀行淨值將增加；市場利率下降，銀行淨值將減少。當缺口為零時，銀行淨值的市場價值不受利率風險影響。總之，久期缺口的絕對值越大，銀行對利率的變化越敏感，銀行的利率風險暴露量就越大，銀行最終面臨的利率風險越高。

（四）收益率曲線

收益率曲線是顯示一組貨幣和信貸風險均相同，但期限不同的債券或其他金融工具收益率的圖表。縱軸代表收益率，橫軸則是距離到期日的時間。收益率是指個別項目的投資收益率，利率是所有投資收益的一般水準。在大多數情況下，收益率等於利率，但也往往會發生收益率與利率的背離，這就導致資本流入或流出某個領域或某個時間，從而使收益率向利率靠攏。債券收益率在時期中的走勢未必均勻，這就有可能形成正向收益率、反向收益率、水準收益率以及波動收益率四種收益曲線（如圖3-1所示）。

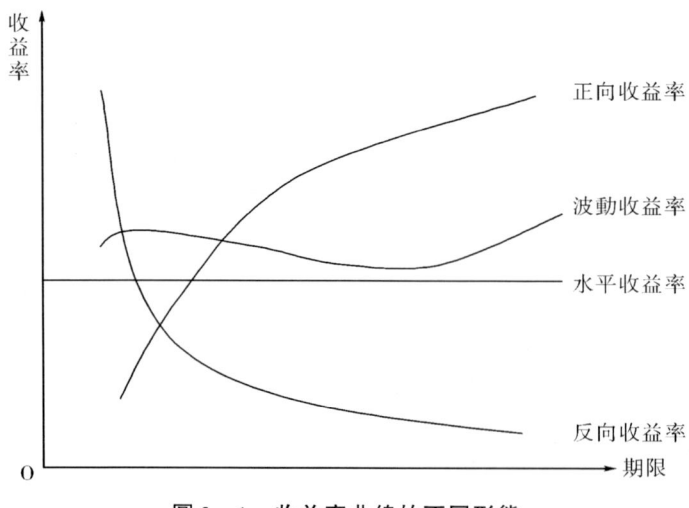

圖3-1 收益率曲線的不同形態

第三章　市場風險管理

一是正向收益率曲線，它意味著在某一時點上，投資期限越長，收益率越高。這是收益率曲線最為常見的形態。二是反向收益率曲線，它表明在某一時點上，投資期限越長，收益率越低。三是水準收益率曲線，表明收益率的高低與投資期限的長短無關。四是波動收益率曲線，表明收益率投資期限的不同，呈現出波浪變動，也就意味著社會經濟未來有可能出現波動。通過對金融產品交易歷史數據的分析，找出其收益率與到期期限之間的數量關係，形成合理有效的收益率曲線，就可以用來分析和預測當前不同期限的收益率水準。投資者還可以根據收益率曲線不同的預期變化趨勢，採取相應的投資策略。

> **相關知識：收益率曲線的基本作用**
>
> 收益率曲線是分析利率走勢和進行市場定價的基本工具，也是進行投資的重要依據。國債在市場上自由交易時，不同期限及其對應的不同收益率，形成了債券市場的「基準利率曲線」。市場因此而有了合理定價的基礎，其他債券和各種金融資產均在這個曲線基礎上，考慮風險溢價後確定適宜的價格。
>
> 在談到利率時，財經評論員通常會表示利率「走上」或「走下」，好像各個利率的走動均一致。事實上，如果債券的年期不同，利率的走向便各有不同，年期長的利率與年期短的利率的走勢可以分道揚鑣。最重要的是收益率曲線的整體形狀，以及曲線對經濟或市場未來走勢的啟示。
>
> 想從收益率曲線中找出利率走勢蛛絲馬跡的投資者及

> 公司企業，均密切觀察該曲線形狀。收益率曲線所根據的，是你買入政府短期、中期及長期國庫債券後的所得收益率。曲線讓你按照持有債券直至取回本金的年期，比較各種債券的收益率。

（五）投資組合

投資組合是指由投資人或金融機構所持有的股票、債券、衍生金融產品等組成的集合。投資組合的目的在於分散風險。美國經濟學家馬柯維茨於1952年首次提出投資組合理論。他認為，最佳投資組合應當是具有風險厭惡特徵的投資者的無差異曲線和資產的有效邊界線的交點。他提出的均值—方差模型描繪出了資產組合選擇的最基本、最完整的框架，是目前投資理論和實踐的主流方法。現代金融領域的投資組合選擇理論及其應用基本都是在馬柯維茨的投資組合理論的基礎上發展出來的。

投資組合理論研究「理性投資者」如何選擇最優投資組合。理性投資者獲得使自己的投資效用最大的最優資產組合的一般步驟是：首先，建立均值—方差模型，通過模型求解得到有效投資組合，從而得到投資組合的有效選擇範圍，即有效集；其次，假設存在一個可以度量投資者風險偏好的均方效用函數，並以此確定投資者的一簇無差異曲線；最後，從無差異曲線簇中尋找與有效集相切的無差異曲線，其中切點就是投資者的最優資產組合，也就是給出了最優選擇策略。

二、市場風險計量方法

常用的市場風險計量方法包括利率缺口分析法、久期分析法、外匯敞口分析法和風險價值法等。

（一）利率缺口分析法

利率缺口分析是衡量利率變動對銀行當期收益的影響的一種方法。具體而言，就是將銀行的所有生息資產和付息負債按照重新定價的期限劃分到不同的時間段（如1個月以下、1～3個月、3個月～1年、1～5年、5年以上等）。在每個時間段內，將利率敏感性資產減去利率敏感性負債，再加上表外業務頭寸，就得到該時間段內的重新定價「缺口」。以該缺口乘以假定的利率變動，即得到這一利率變動對淨利息收入變動的大致影響。當某一時段內的負債大於資產（包括表外業務頭寸）時，就產生了負缺口，即負債敏感性缺口，此時市場利率上升會導致銀行的淨利息收入下降。相反，當某一時段內的資產（包括表外業務頭寸）大於負債時，就產生了正缺口，即資產敏感性缺口，此時市場利率下降會導致銀行的淨利息收入下降。缺口分析中假定利率變動可以通過多種方式來確定，根據歷史經驗確定、根據銀行管理層的判斷確定和模擬潛在的未來利率變動等方式。

缺口分析是對利率變動進行敏感性分析的方法之一，是銀行業較早採用的利率風險計量方法。因為其計算簡便、清晰易懂，目前仍然被廣泛使用。但是，缺口分析也存在一定的局限性。第一，缺口分析假定同一時間段內的所有頭寸到期時間或重新定價的時間相同，因此忽略了同一時間段內不

同頭寸的到期時間或利率重新定價期限的差異。在同一時間段內的加總程度越高，對計量結果精確性的影響就越大。第二，缺口分析只考慮了由重新定價期限不同而帶來的利率風險，即重新定價風險，未考慮當利率水準變化時，因各種金融產品基準利率的調整幅度不同而帶來的利率風險，即基準風險。同時，缺口分析也未考慮因利率環境改變而引起的支付時間變化，即忽略了與期權有關的頭寸在收入敏感性方面的差異。第三，非利息收入和費用是銀行當期收益的重要來源，但大多數缺口分析未能反應利率變動對非利息收益的影響。第四，缺口分析主要衡量利率變動對銀行當期收益的影響，未考慮利率變動對銀行經濟價值的影響，所以只能反應利率變動的短期影響。因此，缺口分析只是一種初級的、粗略的利率風險計量方法。

（二）久期分析法

久期分析也稱為持續期分析或期限彈性分析，是衡量利率變動對銀行經濟價值影響的一種方法。具體而言，就是對各時段的缺口賦予相應的敏感性權重，得到加權缺口，然後對所有時段的加權缺口進行匯總，以此估算某一給定的小幅（通常小於1%）利率變動可能會對銀行經濟價值產生的影響（用經濟價值變動的百分比表示）。各個時段的敏感性權重通常是由假定的利率變動乘以該時段頭寸的假定平均久期來確定。一般而言，金融工具的到期日或距下一次重新定價日的時間越長，並且在到期日之前支付的金額越小，則久期的絕對值越高，表明利率變動將會對銀行的經濟價值產生較大的影響。久期分析法也是對利率變動進行敏感性分析的方法

第三章 市場風險管理

之一。

銀行可以對以上的標準久期分析法進行演變，如可以不採用對每一時段頭寸使用平均久期的做法，而是通過計算每項資產、負債和表外頭寸的精確久期來計量市場利率變化所產生的影響，從而消除加總頭寸/現金流量時可能產生的誤差。另外，銀行還可以採用有效久期分析法，即對不同的時段運用不同的權重，根據在特定的利率變化情況下，假想金融工具市場價值的實際百分比變化，來設計各時段風險權重，從而更好地反應市場利率的顯著變動所導致的價格的非線性變化。

與缺口分析相比較，久期分析是一種更為先進的利率風險計量方法。缺口分析側重於計量利率變動對銀行短期收益的影響，而久期分析則能計量利率風險對銀行經濟價值的影響，即估算利率變動對所有頭寸的未來現金流現值的潛在影響，從而能夠對利率變動的長期影響進行評估，更為準確地估算利率風險對銀行的影響。但是，久期分析仍然存在一定的局限性。第一，如果在計算敏感性權重時對每一時段使用平均久期，即採用標準久期分析法，久期分析仍然只能反應重新定價風險，而不能反應基準風險，以及因利率和支付時間不同而導致的頭寸的實際利率敏感性差異，也不能很好地反應期權性風險。第二，對於利率的大幅變動（大於1%），由於頭寸價格的變化與利率的變動無法近似為線性關係，因此，久期分析的結果就不再準確。

（三）外匯敞口分析法

外匯敞口分析是衡量匯率變動對銀行當期收益的影響的

一種方法。外匯敞口分析主要來源於銀行表內外業務中的貨幣錯配。當某一時間段內，銀行某一幣種的多頭頭寸與空頭頭寸不一致時，所產生的差額就形成了外匯敞口。在存在外匯敞口的情況下，匯率變動可能會給銀行的當期收益或經濟價值帶來損失，從而形成匯率風險。在進行敞口分析時，銀行應當分析單一幣種的外匯敞口，以及各幣種敞口折成報告貨幣並加總扎差後形成的外匯總敞口。對單一幣種的外匯敞口，銀行應當分析即期外匯敞口、遠期外匯敞口和即期、遠期加總扎差後的外匯敞口。銀行還應當對交易業務和非交易業務形成的外匯敞口加以區分。對因存在外匯敞口而產生的匯率風險，銀行通常採用套期保值和限額管理等方式進行控制。外匯敞口限額包括對單一幣種的外匯敞口限額和外匯總敞口限額。

　　外匯敞口分析是銀行業較早採用的匯率風險計量方法，具有計算簡便、清晰易懂的優點。但是，外匯敞口分析也存在一定的局限性，主要是忽略了各幣種匯率變動的相關性，難以揭示由於各幣種匯率變動的相關性所帶來的匯率風險。

　　（四）風險價值（VaR）法

　　風險價值（Value at Risk）是指在一定的持有期和給定的置信水準下，利率、匯率等市場風險要素發生變化時可能對某項資金頭寸、資產組合或機構造成的潛在最大損失。在數學上可以用公式表示為：

　　$\text{Prob}(\Delta P > \text{Var}) = 1 - \alpha$

　　其中，ΔP 為資產在持有期內的損失；VaR 為置信水準下處於 α 風險中的價值；α 為置信水準。通過定義我們可以看

第三章 市場風險管理

出,計算 VaR 的三個基本要素是:

(1) 一定的置信水準的選擇。置信水準的選擇依賴於對 VaR 驗證的需要、內部風險資本需求、監管要求以及在不同機構之間進行比較的需要。不同機構使用不同的置信水準報告其 VaR 數值,例如銀行家信託公司在 99% 的置信水準下計算 VaR;J P Morgan 在 95% 的置信水準下計算 VaR。

(2) 資產收益的分佈情況。在計算 VaR 時,往往假定回報服從正態分佈,但是金融經濟學的實證研究表明,回報往往不服從標準的正態分佈,而是存在尖峰、肥尾特性。不同的回報分佈假設,即使在相同的置信水準假設下也對應著不同的值。因此在用參數法計算 VaR 時,有必要說明假設的資產收益分佈情況。

(3) 資產持有期的選擇。持有期是計算 VaR 的時間範圍。由於波動性與時間長度呈正相關,所以 VaR 隨持有期的增加而增加。通常的持有期是一天或一個月,但某些金融機構也選取更長的持有期如一個季度或一年。在 1997 年底生效的巴塞爾銀行監管委員會的資本充足率條款中,持有期為兩個星期(10 個交易日)。一般來講,金融機構使用的最短持有期是一天,但理論上可以使用小於一天的持有期。

從上述可知,VaR 是在給定的置信水準下衡量給定的投資組合在一定時間段內可能發生的最大損失。VaR 值隨置信水準和持有期的增大而增大。其中,置信水準越高,意味著最大損失在持有期內超出 VaR 值的可能性越小;反之,可能性越大。例如在持續期是一天、置信水準為 99% 的情況下,某銀行的 VaR 值為 2 萬元,那就意味著,這個銀行在一天內

發生的損失大於 2 萬元的可能性最多不超出 1%。風險價值通常用銀行的市場風險內部定量管理模型來估算。目前常用的風險價值模型技術主要有三種：方差—協方差法、歷史模擬法和蒙特卡羅模擬法。

1. 方差—協方差法

方差—協方差法又稱解析法，它利用資產收益的歷史數據，計算出資產標準差和相關係數，然後在一定的分佈假定下，基於這些方差和協方差計算得到組合的標準差從而確定相應的 VaR。方差—協方差法主要運用於線性投資工具，在非線性投資工具方面的運用僅限於風險因素變化不大的情況。

該方法的優點：簡單易行。對於不含期權的投資組合，用該方法是最好的選擇。

該方法的缺點：

（1）對極端事件無能為力。因為極端事件（如股市或匯市崩盤）並不經常發生，所以歷史數據並不能充分表達這類事件的信息。這也是所有使用歷史數據的方法所共同具有的缺點。

（2）正態分佈假設並不能很好地反應金融資產的實際收益率的分佈。現實中許多金融資產的收益率都存在肥尾現象。在存在肥尾現象的情況下，以正態分佈假設為基礎的模型會低估實際的 VaR 值。

（3）該方法只反應了風險因子對整個組合的一階段性影響，無法充分測定非線性工具（如期權）的風險。

2. 歷史模擬法

歷史模擬法是完全估值法中最為簡單易行的一種，其假設投資組合未來的收益變化與過去是一致的，因而無需對資產的收益分佈作任何的假定，而只需借助於計算過去一段時間內的投資組合收益的頻率分佈，來得到該時間段內的平均收益、在一定置信水準下的最低收益，從而推算出 VaR 值。例如，為計算某資產在99%置信度下的日 VaR 值，只要將該資產在過去一段時期的每日實際收益按從小到大的順序排列，然後從最低收益起取該序列的 1 分位數即為該資產在99%置信度下的日 VaR 值。

該方法的優點：

（1）如果能夠及時完整地收集到歷史數據，運用這個方法是相當簡單的。

（2）該方法計算的是投資組合的全部價值，而非價格發生微小變化的局部近似，而且此方法使用實際數據，所以可以引入非線性的因素如 γ 風險和相關性。由於它不需對定價模型和基本市場結構作特定的假設，所以它也適用於非正態分佈的情況，能夠很好地解決肥尾問題。

該方法的缺點：

（1）該方法假定過去能很好地代表將來，但對於極少出現的極端情況，歷史數據並不能很好地反應。

（2）為了提高該方法預測的準確性，計算時通常要採用較長的樣本區間，並對所有的歷史數據給以相同的權重，這勢必導致過多地強調了較早數據的作用，而忽視了近期數據的作用。

3. 蒙特卡羅模擬法

蒙特卡羅法主要是利用計算機隨機模擬出風險因素的隨機價格走勢，並以此來近似地揭示該風險因素的市場特性。這個隨機模擬的過程實際就是重塑投資組合價值分佈的過程。它的基本思想與壓力測試法是相似的，所不同的是，它不僅僅考慮了一個金融變量的大幅波動，而且還考慮了相關問題。

蒙特卡羅法通過近似地模擬風險因素的統計分佈來計算潛在的收益和相應的 VaR。它要求每個風險因素對應一個其未來的可能分佈，如正態分佈、對數正態分佈、t 分佈等。然後利用歷史的數據來確定這些分佈的參數。利用這些分佈和參數，隨機產生成千上萬種風險因素的未來可能值（或稱為場景），在這一場景下再重新確定投資組合的價值。最後利用這些隨機產生的組合收益，構造出組合的經驗分佈，並確定在一定置信水準下的 VaR 值。

該方法的優點：蒙特卡羅法是衡量金融風險最全面的數值分析方法。它能處理其他方法所無法處理的風險和問題，如非線性價格風險、波動性風險、肥尾分佈、極端事件甚至信用風險，它都能有效地處理。

該方法的缺點：

（1）蒙特卡羅法最大的不足就是計算量太大。如果投資組合中有 1,000 種資產，對每種資產的模擬路徑為 1,000 種，那麼投資組合的價值就會有 100 萬個。如此大的計算量是以犧牲計算結果的及時性為代價的，所以該方法不適合於需要及時提供風險量度的場合。

第三章　市場風險管理

（2）蒙特卡羅法存在模型風險。因為它依賴於基礎風險因素的隨機模型及證券的定價模型。如果這類模型有缺陷，據此得到的 VaR 也必然不準確。

使用 VaR 計量市場風險的優點有：第一，VaR 模型測量風險結果簡潔明瞭，一目了然，直觀而清晰地反應了風險的量化概念，容易為管理者所理解和掌握。第二，VaR 值明確地反應了市場風險，如果定期地測定各個金融機構的 VaR 值並且公布，便可以令普通投資者瞭解金融機構的經營狀況，增強市場的透明度，並且督促銀行管理者加強與客戶的溝通，增進雙方的信任和投資者的信心。第三，VaR 對風險的測量是建立在數理統計與概率論的理論基礎上的，計算簡便，有很強的可操作性，同時又不缺乏理論上的科學性，適於銀行進行內部監管和風險控制。VaR 方法也存在一定的缺陷，它對未來的損失是基於歷史數據的研究和組合模型，並假設這些數據與未來相一致。但實際上，很多情況並非如此。VaR 的計算離不開特定的假設，包括數據分佈的正態性，而有時這些假設是與實際不相符的。另外，VaR 對於極端情況下（金融危機、政治劇變）的市場風險的計算缺乏可靠性，此時就需要採用其他方法（如壓力測試和極值分析法）對特殊情況下的 VaR 加以彌補。

目前，市場風險內部模型已成為市場風險的主要計量方法。與缺口分析、久期分析等傳統的市場風險計量方法相比，市場風險內部模型的主要優點是可以將不同業務、不同類別的市場風險用一個確切的數值（VaR 值）表示出來，是一種能在不同業務和風險類別之間進行比較和匯總的市場風

險計量方法,而且將隱性風險顯性化之後,有利於進行風險的監測、管理和控制。同時,由於風險價值具有高度的概括性,簡明易懂,也適宜董事會和高級管理層瞭解本機構市場風險的總體水準。但是,市場風險內部模型法也存在一定的局限性。第一,市場風險內部模型計算的風險水準高度概括,不能反應資產組合的構成及其對價格波動的敏感性,因此對具體的風險管理過程作用有限,需要輔之以敏感性分析、情景分析等非統計類方法。第二,市場風險內部模型方法未涵蓋價格劇烈波動等可能會對銀行造成重大損失的突發性小概率事件,因此需要採用壓力測試對其進行補充。第三,大多數市場風險內部模型只能計量交易業務中的市場風險,不能計量非交易業務中的市場風險。因此,使用市場風險內部模型的機構應當充分認識其局限性,恰當理解和運用模型的計算結果。

(五) 敏感性分析

敏感性分析是指在保持其他條件不變的前提下,研究單個市場風險要素(利率、匯率、股票價格和商品價格)的變化可能會對金融工具或資產組合的收益或經濟價值產生的影響。例如,缺口分析和久期分析採用的都是利率敏感性分析方法。缺口分析可用於衡量銀行的當期收益對利率變動的敏感性;久期分析可用於衡量銀行的經濟價值對利率變動的敏感性。巴塞爾銀行監管委員會在 2004 年發布的《利率風險管理與監管原則》中,要求銀行評估標準利率衝擊對銀行經濟價值的影響,也是一種利率敏感性分析方法,目的是使監管當局能夠根據標準利率衝擊的評估結果,評價銀行的內部

計量系統是否能充分反應其實際利率風險水準及資本充足程度，並對不同機構所承擔的利率風險進行比較。如果在標準利率衝擊下，銀行經濟價值的下降幅度超過一級資本、二級資本之和的20%，監管機構就必須關注其資本充足狀況，必要時還應要求銀行降低風險水準和/或增加資本。

敏感性分析計算簡單，在市場風險分析中得到廣泛應用。但其也存在一定局限，主要表現在對於較複雜的金融工具或資產組合，無法計量其收益或經濟價值相對於市場風險要素的非線性變化。因此，在使用敏感性分析時要注意其適用範圍，必要時輔之以其他分析方法。

（六）壓力測試

壓力測試是指將整個金融機構或資產組合置於某一特定的（主觀想像的）極端市場情況下，如假設利率驟升100個基本點、某一貨幣突然貶值30個百分點、股價暴跌20個百分點等異常的市場變化，然後測試該金融機構或資產組合在這些關鍵市場變量突變的壓力下的表現狀況，看是否能經受得起這種市場的突變。目前，壓力測試沒有一套標準的做法，它們很大程度上取決於風險管理者的經驗與判斷。一般來說，一個完整的壓力測試過程包括如下幾個步驟：①選擇測試對象，包括選擇市場變量、測試幅度、測試信息效用；②鑒定假設條件，包括相關性是否還存在、新的假設是什麼、金融模型的實用性；③重新評估資產組合的價值，拒絕使用複雜的模型進行計量；④決定行動方案或計劃。

市場風險的壓力測試主要包括：市場上資產價格出現不利變動；主要貨幣匯率出現大的變化；利率重新定價缺口突

然加大；基準利率出現不利於銀行的情況；收益率曲線出現不利於銀行的移動；附帶期權工具的資產負債，其期權集中行使可能為銀行帶來損失等。

相對於其他風險度量方法而言，使用壓力測試具有一些便利之處。首先壓力測試在很大程度上是一種主觀測試，由測試者主觀決定其測試的市場變量及其變動幅度，變量變化的幅度可以被確定為任意大小，而且測試者可以確定測試變量與其他市場變量之間的相關性。其次，在壓力測試下，引起資產組合價值發生變化的風險因素也非常清楚。由於壓力測試並不負責提供事件發生的可能性，因而沒有必要對每一種變化確定一個概率，這樣就免除了模擬整個事件概率分佈的麻煩，也使得這種風險衡量方式較少涉及高深的數學和統計領域。

顯然，壓力測試是對 VaR 衡量方法的有力補充。正是鑒於壓力測試在金融機構或資產組合在異常市場條件下風險狀況的重要作用和 VaR 相應的局限性，金融監管部門在同意金融機構使用以 VaR 為基礎的內部模型來衡量正常條件下的市場風險的同時，除了要求金融機構使用迴歸檢驗法檢驗 VaR 模型的有效性以外，還要求金融機構使用壓力測試來衡量金融機構在遇到意外風險時機構的承受能力，以補充 VaR 模型的不足。

（七）情景分析

情景分析從更廣闊的視野、更長遠的時間範圍來考察金融機構或投資組合的風險問題。這種具有戰略高度的分析，無疑彌補了 VaR 和壓力測試只注重短期情況分析的不足，因

此，情景分析應與 VaR 和壓力測試結合起來，使風險管理更加完善。情景分析與壓力測試有許多相似之處，都是對未來的情況作主觀上的設想，然後將金融機構或投資組合置於這一設想的環境中來考察這一機構或組合的表現。

進行情景分析的關鍵，首先是對情景給予合理的設定。為合理設定情景，金融機構應從兩方面入手，一方面是充分認識自己的投資組合的性質與特點，瞭解可能會影響該組合的風險源；另一方面要瞭解市場和整個投資環境中可能發生的相關事件，包括戰爭衝突、政治選舉、經濟改革措施的出抬、重大的公司合併等，並充分估計這些事件可能對市場進而對自己的投資組合產生的重大影響。其次是對設定情景進行深入細緻的分析以及由此對事態在給定時間內可能發展的嚴重程度和投資組合因此而可能遭受的損失進行合理預測。這一分析和預測是整個情景分析的中心環節，不僅需要對可能影響投資組合的各個方面進行綜合分析，而且還要將分析過程中得到的反饋信息重新納入情景分析的前提條件中去，使得情景分析更加合理。最後是對情景分析報告的陳述。由於情景分析是一個主觀性很強的過程，在報告中對分析的結果進行評估和作出最終結論並不是一件容易的事情，對分析的假設前提條件的明確說明是非常重要的。

(八) 事後檢驗

事後檢驗是指將市場風險計量方法或模型的估算結果與實際發生的損益進行比較，以檢驗計量方法或模型的準確性、可靠性，並據此對計量方法或模型進行調整和改進的一種方法。若估算結果與實際結果近似，則表明該風險計量方

法或模型的準確性和可靠性較高；若兩者差距較大，則表明該風險計量方法或模型的準確性和可靠性較低，或者是事後檢驗的假設前提存在問題；介於這兩種情況之間的檢驗結果，則暗示該風險計量方法或模型存在問題，但結論不確定。目前，事後檢驗作為檢驗市場風險計量方法或模型的一種手段還處在發展過程中。不同銀行採用的事後檢驗方法以及對事後檢驗結果的解釋標準均有所不同。

巴塞爾銀行監管委員會1996年的《資本協議市場風險補充規定》要求採用內部模型計算市場風險資本的銀行對模型進行事後檢驗，以檢驗並提高模型的準確性和可靠性。監管當局應根據事後檢驗的結果決定是否通過設定附加因子來提高市場風險的監管資本要求。附加因子設定在最低乘數因子（巴塞爾銀行監管委員會規定為3）之上，取值在0～1之間。如果監管當局對模型的事後檢驗結果比較滿意，模型也滿足了監管當局規定的其他定量和定性標準，就可以將附加因子設為0，否則可以設為0～1之間的一個數，即通過增大所計算VaR值的乘數因子，對內部模型存在缺陷的銀行提出更高的監管資本要求。

第四節　市場風險的監測與報告

市場風險的監測是指商業銀行應該具有完備的市場風險監測系統，以滿足董事會、高級管理層、市場風險管理部門以及財務、審計部門的管理要求。

第三章　市場風險管理

1. 市場風險報告的內容和種類

有關市場風險狀況的報告應當定期、及時地向董事會、高級管理層和其他管理人員提供。不同層次和種類的報告應當遵循規定的發送範圍、程序和頻率。向董事會提交的報告通常包括銀行的總體市場頭寸、風險水準、盈虧狀況以及對市場風險限額和市場風險管理的其他政策和程序的遵守情況等內容。向高級管理層和其他管理人員提交的報告通常包括按地區、業務經營部門、資產組合、金融工具和風險類別分解後的詳細信息，並具有更高的報告頻率。風險管理部門應當能夠應用有效的分析和報告工具，向高級管理層和交易前臺提供有附加價值的風險信息，來輔助交易人員、高級管理層和風險管理人員進行決策。

市場風險報告應當包括如下內容：

（1）按業務、部門、地區和風險類別統計的市場風險頭寸；

（2）對市場風險頭寸和市場風險水準的結構分析；

（3）頭寸的盈虧情況；

（4）市場風險識別、計量、監測和控制方法及程序變更情況；

（5）市場風險管理政策和程序的遵守情況；

（6）市場風險限額的遵守情況；

（7）事後檢驗和壓力測試情況；

（8）內外部審計情況；

（9）市場風險經濟資本配置情況；

（10）對改進市場風險管理政策、程序以及市場風險應

急方案的建議；

（11）市場風險管理的其他情況。

根據國際先進銀行的市場風險管理實踐，市場風險報告具有多種形式和作用。例如：

（1）投資組合報告。以總結的方式，完整列示投資組合中的所有頭寸。交易人員可以通過此項報告確認交易系統已經獲取了投資組合中的所有頭寸和相關風險，高級管理層可以清楚地掌握金融機構在每個資產類別中所持有的頭寸規模，並關注那些明顯的或可疑的市場變化。

（2）風險分解「熱點」報告。投資組合的累積風險是其所包含的每個頭寸的變化率對整個投資組合所產生的邊際影響的總和，出現正數即代表「風險熱點」，表明該頭寸增加了投資組合的風險；出現負數即代表「風險冷點」，表明該頭寸降低了投資組合的風險。

（3）最佳投資組合複製報告。通過簡化的投資組合來解釋複雜投資組合中主要風險的來源，有助於識別那些能夠最有效地降低風險的交易，並且有助於理解複雜投資組合的動態變化。

（4）最佳風險對沖策略報告。該報告提供了商業銀行需要實際購買或出售的頭寸規模，以達到降低投資組合風險的目的，並同時獲得採取該風險對沖策略所能夠降低的風險百分比。

2. 市場風險報告的路徑和頻率

在正常市場條件下，商業銀行的風險管理信息系統應嚴格保證風險管理部門、高級管理層以及其他需要風險報告的

部門或個人能夠及時通過內部網絡獲取所需的風險信息，避免因行政級別或流程的限制而延誤了風險信息的及時傳遞。

根據國際先進銀行的市場風險管理經驗，市場風險報告的路徑和頻率通常是：

（1）在正常市場條件下，通常每週向高級管理層報告一次；在市場劇烈波動的情況下，需要進行即時報告，但主要通過信息系統直接傳遞。

（2）後臺和前臺所需的頭寸報告，應當每日提供，並完好打印、存檔、保管。

（3）風險價值和風險限額報告必須在每日交易結束之後盡快完成。

（4）應高級管理層或決策部門的要求，風險管理部門應當有能力隨時提供各種滿足特定需要的風險分析報告，以滿足決策之需。

第五節 市場風險的控制

一、限額管理

商業銀行實施市場風險管理，應當確保將所承擔的市場風險控制在可以承受的合理範圍內，使市場風險水準與其風險管理能力和資本實力相匹配，限額管理正是對市場風險進行控制的一種重要手段。銀行應當根據所採用的市場風險計量方法設定市場風險限額。市場風險限額可以分配到不同的地區、業務單元和交易員，還可以按資產組合、金融工具和

風險類別進行分解。銀行負責市場風險管理的部門應當監測對市場風險限額的遵守情況，並及時將超限額情況報告給管理層。常用的市場風險限額包括交易限額、風險限額和止損限額等。

（1）交易限額是指對總交易頭寸或淨交易頭寸設定的限額。總頭寸限額對特定交易工具的多頭頭寸或空頭頭寸給予限制，淨頭寸限額對多頭頭寸和空頭頭寸相抵後的淨額加以限制。在實踐中，銀行通常將這兩種交易限額結合使用。

（2）風險限額是指對按照一定的計量方法所計量的市場風險設定的限額，如對內部模型計量的風險價值設定的限額和對期權性頭寸設定的期權性頭寸限額等。期權性頭寸限額是指對反應期權價值的敏感性參數設定的限額，通常包括：衡量期權價值對基準資產價格變動率的 Delta、衡量 Delta 對基準資產價格變動率的 γ、衡量期權價值對市場預期的基準資產價格波動性的敏感度的 ν、衡量期權臨近到期日時價值變化的 θ 以及衡量期權價值對短期利率變動率的 ρ 設定的限額。

（3）止損限額即允許的最大損失額。通常，當某項頭寸的累計損失達到或接近止損限額時，就必須對該頭寸進行對沖交易或將其變現。典型的止損限額具有追溯力，即止損限額適用於一日、一週或一個月內等一段時間內的累計損失。

商業銀行在實施限額管理的過程中，還需要制定並實施合理的超限額監控和處理程序。負責市場風險管理的部門應當通過風險管理信息系統，監測對市場風險限額的遵守情況，並及時將超限額情況報告給相應級別的管理層。管理層

第三章　市場風險管理

應當根據限額管理的政策和程序決定是否批准提高限額。如果批准，則需要明確此超限額情況可以保持多長時間；對於未經批准的超限額情況，應當按照內部限額管理政策和程序進行嚴肅處理。此外，交易部門也應當及時、主動地匯報超限額情況。管理層應當根據超限額情況，決定是否對限額管理體系進行調整。

二、風險對沖

風險對沖是指通過投資或購買與標的資產收益波動負相關的某種資產或衍生產品，來衝銷標的資產潛在的風險損失的一種風險管理策略。風險對沖是管理利率風險、匯率風險、股票風險和商品風險的非常有效的辦法。與風險分散策略不同，風險對沖可以管理系統性風險和非系統性風險，還可以根據投資者的風險承受能力和偏好，通過對沖比率的調節將風險降低到預期水準。利用風險對沖策略管理風險的關鍵問題在於對沖比率的確定，這一比率直接關係到風險管理的效果和成本。

商業銀行的風險對沖可以分為自我對沖和市場對沖兩種情況。自我對沖是指商業銀行利用資產負債表或某些具有收益負相關性質的業務組合本身所具有的對沖特性進行風險對沖。市場對沖是指對於無法通過資產負債表和相關業務調整進行自我對沖的風險（又稱殘餘風險），通過衍生產品市場進行對沖。

風險管理實踐中，商業銀行可以同時利用多種金融衍生產品構造複雜的對沖機制，以更有效地降低其銀行帳戶和交

易帳戶中的市場風險。利用衍生產品對沖市場風險具有明顯的優勢，如構造方式多種多樣、交易靈活便捷等，但通常無法消除全部市場風險，而且可能會產生新的風險，如交易對方的信用風險。

案例分析

假如你在 10 元價位買了一只股票，這只股票未來有可能漲到 15 元，也有可能跌到 7 元。你對於收益的期望倒不是太高，更主要的是希望如果股票下跌也不要虧掉 30% 那麼多。你要怎麼做才可以降低股票下跌時的風險？

一種可能的方案是：你在買入股票的同時買入這只股票的認沽期權。原本你的股票可能給你帶來 50% 的收益或者 30% 的損失。當你同時買入執行價為 9 元的認沽期權以後，損益情況就發生了變化，可能的收益變成：(15 元 – 期權費)/10 元；而可能的損失則變成了：(10 元 – 9 元 + 期權費)/10 元。

潛在的收益和損失都變小了。通過買入認沽期權，你付出了一部分潛在收益，換來了對風險的規避。

三、經濟資本配置

商業銀行除了採用限額管理、風險對沖等控制方法之外，還可以通過配置合理的經濟資本來降低市場風險敞口。

巴塞爾銀行監管委員會在 1996 年的《資本協議市場風險補充規定》中，計量市場風險監管資本的公式為：

第三章　市場風險管理

市場風險監管資本 =（附加因子 + 最低乘數因子）× VaR

其中，巴塞爾銀行監管委員會規定最低乘數因子為 3，附加因子設定在 0～1 之間。VaR 的計算採用 99% 的單尾置信區間，持有期為 10 個營業日。

經濟資本配置通常採取自上而下法和自下而上法，商業銀行可以通過定期分析對比兩種方法分解經濟資本時存在的差異，對經濟資本配置的合理性進行有效評估，及時發現高風險低收益的不良業務部門、交易員或產品，同時嚴格限制高風險業務的經濟資本配置。

（1）自上而下的經濟資本配置是指商業銀行將經濟資本分解並配置到每個交易員、次級投資組合、各項交易或業務部門，使銀行的業務發展與其資本充足水準相適應。

（2）自下而上的經濟資本配置是指商業銀行根據各業務單位的實際風險狀況計算其所占用的經濟資本。考慮到風險抵減效應，累積加總所獲得的資產組合層面的經濟資本小於等於各業務單位經濟資本的簡單加總。採用自下而上法得到的各業務單位所占用的經濟資本，通常被用於績效考核。

第四章 操作風險管理

　　操作風險與信用風險、市場風險共同構成商業銀行的三大風險。對於市場風險和信用風險,無論是業界還是學術界都很早就給予了足夠的重視,也進行了深入的研究,到目前為止已經有了較為成熟的操作風險管理技術。而作為商業銀行面臨的最為古老的風險——操作風險,其風險管理的理論和實踐則遠遠落後於市場風險管理和信用風險管理。近年來,隨著金融服務的全球化,以及信息技術在金融業的應用和發展,銀行業所面臨的風險變得更為複雜。尤其是技術系統的更新、交易量的提高、交易工具和交易戰略的日趨複雜、網絡銀行的發展、法律和監管體系的調整及監管要求的日趨嚴格等因素,都增大了金融機構面臨的操作風險。自20世紀90年代以來,隨著銀行規模不斷擴大、交易金額迅速放大、經營複雜程度不斷加劇,出現了一系列震驚國際金融界的操作風險損失事件。在中國,由操作風險管理不足引發的大案要案令人觸目驚心,它們對金融機構的操作風險管理提出了嚴峻的挑戰。

第四章 操作風險管理

第一節 操作風險概述

一、操作風險的定義

由於操作風險性質複雜、誘發因素多、覆蓋範圍廣、與具體業務和機構組織架構密切相關等原因，許多學者、國際銀行和監管機構都按照自己的理解，對操作風險進行了定義。雖然中國現階段商業銀行的經營與國際慣例有較大差別，但隨著金融全球化的發展，中國商業銀行不可避免地會與國際接軌。目前，越來越多的國家採用巴塞爾銀行監管委員會的監管標準，巴塞爾銀行監管委員會的操作風險定義基本上已成為國際上通行的定義。因此，為了避免短期效應，使中國商業銀行得到長期穩定的發展，中國銀監會採納了巴塞爾銀行監管委員會的定義。

巴塞爾銀行監管委員會對操作風險的正式定義是：操作風險是指由於不完善或有問題的內部操作過程、人員、系統或外部事件而導致的直接或間接損失的風險。這一定義包含了法律風險，但是不包含策略性風險和聲譽風險。

二、操作風險產生的原因

目前中國商業銀行真正意義上的各業務部門內部控制制衡機制尚未建立，而管理部門機構控制設置繁多，但職責不清，職能不明確，容易產生控制的重複（資源的浪費）和出現管理的真空地段，同時各部門間又缺乏協調與制約，極易

對同一控制點產生不同的控制標準和辦法，使一線管理和操作人員無所適從。

由於內部約束不力、規章制度不夠健全或執行不力所造成的操作風險，一是制度的空缺。前些年中國商業銀行出現的盲目投資、辦公司經商以及由此造成的巨大損失，很多都與沒有明確的制度規定有關。現在存在部分商業銀行的基層行違規經營，有些根本就沒有規矩。二是雖有制度，但制度設計的漏洞很多。許多制度的設計多是從方便管理層工作的角度考慮，卻很少從方便客戶和防範風險的角度去考慮。三是有章不循。本來就不多而且存在漏洞的制度在實踐中也沒有得到認真執行，有的甚至是上有政策，下有對策。對近年來有關銀行多次對分支行會計科目使用情況進行檢查的結果作分析，會發現普遍存在科目隨意使用、帳戶核算混亂、會計統計信息嚴重失真的現象。

同時，銀行管理人員對內控管理認識不足，舊的觀念和行為慣性一時難以扭轉，認識有偏差，同時由於受傳統專業銀行控制的影響，部分管理人員對現代銀行管理理論與方法缺乏系統的瞭解，對體現銀行管理水準的內控系統認識不足，沒有把內控這種自我調節、自我制約、自我控制的自律行為作為管理工作的重要組成部分，缺乏強化內控的自覺性和主動性。

隨著金融創新業務不斷增多，服務領域不斷拓展，銀行內部隊伍素質不高已成為操作風險發生的重要原因之一。一是沒有形成防範風險所要求的人員能進能出、幹部能上能下的激勵與約束機制；二是員工隊伍受社會環境的影響，個別

第四章 操作風險管理

人經不住腐蝕誘惑,這些年發生的一系列案件足以說明這個問題;三是員工隊伍的專業技術水準不高,缺乏識別和防範風險的能力,更不要說運用專業技術來分散風險;四是一些領導幹部的責任心不強,管理粗放,甚至大撒手。

稽核審計部門缺乏應有的權威性、獨立性、超脫性、制衡性和全面性。稽核部門是對已發生的經營行為進行監督,只是事後監督,沒有滲入到經營管理的開始與過程中進行監督,且稽核手段落後,工作效率低下;內部稽核人員數量不足,素質偏低,知識結構不合理,且得不到及時培訓與更新;內部審計有時流於形式,查出來的問題也不一定得到應有的處理;財務核算上事前分析、預測和監督少。監察系統對近年來銀行各種案件的分析結果也表明,有章不循、檢查監督不力是案件居高不下的重要原因。

近年來,電子計算機在商業銀行中得到廣泛應用,使金融業務實現了一次革命性的轉變。但是電子計算機處理信息也存在一定的問題,而且內控部門未形成一套科學有效的內部電子監督、預警系統,仍是看報表、翻傳票、查漏洞等老一套,內控效率低,局限性大,時效慢,反應不夠靈敏,內控信息不系統不完整,系統支持和運作能力的複雜程度與銀行業務活動量的大小和複雜性不相協調,不能容納所從事的各類越來越複雜的銀行業務。

三、操作風險的特徵

(一) 內生性為主

從操作風險的引發因素來看,主要因內部因素而引發,

如內部程序、人員和系統的不完善或失效；銀行工作人員越權或從事職業道德不允許的或風險過高的業務，因此操作風險具有很強的內生性。但是銀行作為社會性企業或組織，其業務計劃的完成還需要其他組織予以配合，其他組織同樣也存在內部程序、人員和系統失效的可能性，因此外部因素也可能導致操作風險的發生。如提供通信線路租賃業務的電信公司技術故障而導致銀行 IT 通信系統無法正常運行，因此操作風險也具有一定的外生性。

信用風險和市場風險主要是外生性風險。市場風險是指因市場價格（利率、匯率、股票價格和商品價格）的不利變動而使銀行表內和表外業務發生損失的風險，如利率風險、匯率風險（包括黃金）、股票價格風險和商品價格風險，發生風險的因子主要是利率、匯率、股票價格和商品價格的變動等外部因素。信用風險是指債務人不能履行合約而給債權人造成損失的可能性，發生風險的因子主要是債務人的履約能力等外部因素，如借款企業遭受重大的資產損失而導致借款無法正常歸還。

(二) 涵蓋全部業務

一個銀行要使用人、流程和技術來實現業務計劃，這些因素中的每一項都可能產生一些類型的失效，因此操作風險具有普遍性，操作風險發生的可能性遍布銀行的所有業務環節，涵蓋所有的部門。但是信用風險和市場風險發生的環節僅限於與之相關的部分業務環節，如發放貸款、吸收存款；主要涵蓋業務發展部門和業務管理部門。一般來說，後勤保障部門基本不涉及信用風險和市場風險。因此對於操作風險

第四章 操作風險管理

的管理必須貫徹「三全」原則（全面性、全員性和全程性）。

(三) 難以度量性

與市場風險和信用風險不同的是，影響操作風險的因素基本上都在銀行內部，並且風險因素與發生的可能性和損失大小之間不存在清晰的聯繫，通常操作風險以不經常發生的離散事件等形式出現。雖然經過了近幾年對操作風險測量技術的研究和歷史數據的累積，但是國際銀行業對操作風險的嚴重性（損失大小）的計量還是主要依賴於業務管理者的經驗來獲得，因為發生較大損失的經驗和時間序列數據對於大多數銀行而言都是不足的，遠沒有產生一些標準的模型。而市場風險和信用風險量化技術目前基本成熟，基本採用數據模型進行風險的計量，如信用風險中在國際上被廣泛使用的 KMV 模型和信用計量模型等；市場風險中廣泛使用的缺口分析、外匯敞口分析、風險價值、敏感性分析等方法。

四、操作風險的分類

(一) 基於發生頻率和損失程度的分類

(1) 可預計損失的風險。這是指銀行在日常的營運中比較頻繁地發生的失誤或錯誤所導致的損失的風險。這些風險的嚴重程度一般不大，銀行的經營收入足夠抵補這些可預期的損失，它們通常被列入銀行的營業費用之中。

(2) 不可預計損失的風險。這是指銀行在經營中發生了超乎尋常的失誤或者錯誤所導致損失的風險。這些風險發生的概率比較小，但嚴重程度一般很高，銀行當期的營業利潤

无法完全抵補這些不可預期的損失，它們必須依靠銀行的資本來抵補。但是一般而言，這種風險雖然導致銀行發生巨大損失，但是其程度還不足以使銀行破產或倒閉。

（3）災難性損失的風險。這是指銀行在經營中所遭受的突如其來的內部或外部對銀行的生存產生直接重大影響的風險。這種風險發生的概率極低，但是其後果非常嚴重，足以使銀行破產或者倒閉。

目前，國際銀行業對操作風險的關注焦點是不可預計損失風險和災難性損失風險。可預計損失風險發生的頻率雖然比較高，但其是銀行的正常經營中無法完全避免或者消除的，並且它對銀行的正常經營影響不大，銀行完全有能力在當期以營業利潤進行抵補，所以不需要安排資本補償準備。而不可預計損失風險和災難性損失風險則不同，雖然其發生的頻率很低，但是由於其後果嚴重，需要進行嚴密的監控以及安排相應的資本補償準備。

這種分類方法類似於把潛在操作風險分為高頻率低衝擊事件和低頻率高衝擊事件。前者造成損失的資料可以從銀行內部審計程序當中獲得。對於這種類型的操作風險，可以建立模型來對未來可預計損失分佈做出比較準確的測算。而後者爆發的概率很低，單個銀行對於這類事件的損失數據不足以支持模型的建立，因此不同銀行之間可能需要進行數據共享。

（二）基於損失風險因素的分類

按照操作風險的損失風險因素，可以把其區分為內部操作流程的缺陷、人為因素、系統因素和外部事件四類。內部

第四章 操作風險管理

操作流程的缺陷主要是由於失敗的交易、帳戶結算和日常的業務操作過程所產生的損失，如資料錄入、未評估資產、客戶爭端、客戶資產損失；人為因素主要是由於雇員及相關人員造成（有意的和無意的），或者由於公司與其客戶、股東、第三方或者監管者之間的關係造成的損失，如歧視性交易、未授權交易、關聯交易、內部詐騙、雇員過失等；系統因素主要是由於業務的分離、基礎框架或者電子技術的故障造成損失，如硬件或者軟件的崩潰、信息風險、程序錯誤、計算機病毒、通信故障等；外部事件主要是由於第三方而造成的財產損失，如自然災害、恐怖襲擊、勒索、信用卡詐騙、計算機犯罪、訴訟、偽造等。

（三）基於風險損失事件的分類

對損失事件類型的定義來自於巴塞爾銀行監管委員會，損失事件類型是按照導致操作風險損失發生的事件因素來進行區分的。

（1）內部詐欺風險：機構內部人員參與的故意欺騙、盜用財產或違反規則、法律、公司政策的行為。例如內部人員故意誤報頭寸、內部人員偷盜、員工通過自己的帳戶進行內部交易，等等。

案例分析

中國銀行在 2005 年 3 月 27 日公布，涉嫌挪用 600 萬美元銀行資金、用於賭球和揮霍的中國銀行大連分行營業部員工翟昌平，已被警方抓獲。翟昌平是中國銀行大連分

行營業部的一名普通工作人員，他利用工作之便，挪用銀行資金600萬美元左右，大部分贓款用於賭球和揮霍。犯罪嫌疑人在該行工作十幾年來，兩次被評為「A」級員工。嚴格地說，翟昌平就是一個普通的「輸機」員，根本不是會計，但他利用自己崗位的便利給國家造成了如此巨大的損失，實在令人難以置信。

（2）外部詐欺風險：主要指出於第三方的故意詐欺、非法侵占財產以及規避法律而引發的損失。包括利用偽造的票據、偷盜、搶劫、敲詐、賄賂等手段造成銀行損失；黑客破壞、盜用客戶信息、數據操縱等計算機犯罪而引發的損失；稅制、政治等方面的變動，監管和法律環境的調整等導致銀行收益減少。

案例分析

2005年4月2日，中國銀行披露了被騙6億多元的大案。中國銀行北京分行，在給北京「森豪公寓」項目發放按揭貸款的過程中，高達6億多元的巨額資金被騙貸。「森豪公寓」這個樓盤如今已經停工三年多，成了真正的爛尾樓。這起案件是中國銀行北京分行在對零售按揭貸款進行內部稽核時發現的。開發商北京華運達房地產開發有限公司在申請辦理「森豪公寓」按揭貸款的過程中，先後以員工名義，用虛構房屋買賣合同、提供虛假收入證明等手段套取按揭貸款及重複按揭貸款，並將按揭得到的資金

第四章 操作風險管理

> 轉移至外地。經查，2000 年 12 月到 2002 年 6 月，北京華運達房地產開發有限公司共計從中國銀行北京分行申請按揭貸款 199 筆，涉及公寓 273 套，騙取貸款近 6.5 億元。涉案人員已經全部被拘留和逮捕。

（3）客戶、產品和業務行為風險：由於產品特性或設計不合理、員工服務粗心大意、對特定客戶不能提供專業服務等原因而造成的銀行損失。包括產品功能不完善引發的損失，即由於強行銷售產品、未對敏感問題進行披露、對客戶建議不當、職業疏忽大意、不恰當的廣告、不適當的交易、銷售歧視等導致與客戶信託關係破裂、合同關係破裂、客戶關係破裂而引發的損失。這類風險在整個操作風險中佔有相當大的比重。

（4）執行、交割和流程管理風險：主要指交易處理、流程管理失誤以及與交易對手關係破裂而引發的損失。包括業務記帳錯誤、錯誤的信息交流、敘述錯誤、未被批准的帳戶錄入、未經客戶允許的交易、交割失誤、抵押品管理失誤等原因造成的損失。

（5）業務中斷和系統錯誤風險：主要指由於計算機硬件、軟件、通信或電力中斷而引發的損失。包括硬件癱瘓、軟件漏洞、設備故障、程序錯誤、計算機病毒、互聯網失靈等原因造成的損失。

> **案例分析**
>
> 2003年11月19日,某行總行為將在11月22日進行的全行計算機系統升級作準備,調整了系統參數表,使得該行全國範圍內的數個營業網點出現系統故障,業務停辦長達三個半小時,給客戶和商業銀行造成了損失。

(6) 雇員行為和工作場所安全問題風險:由個人傷害賠償金支付或差別及歧視事件引起的違反雇員健康或安全相關法律或協議的行為所導致的損失和由於缺乏對員工的恰當評估和考核等導致的風險。例如,工人補償申訴、侵害雇員健康和安全條例、有組織的工會行動、歧視申訴、一般性責任。

(7) 銀行維繫經營的實物資產的損壞風險:主要指自然災害或其他外部事件而引起的損失。包括由於暴風、洪水、地震、電壓過大、恐怖活動等原因造成的物質資產損失。

第二節 操作風險的識別

目前,對操作風險進行識別的方法較多,包括操作風險內部分析、關鍵風險指標法、操作風險歷史風險事件信息分析、業務流程圖分析等。

1. 商業銀行操作風險內部分析

典型的商業銀行操作風險內部分析一般通過部門員工會議的形式來完成。內部分析有時使用其他利益相關人(如客

第四章 操作風險管理

戶）或者外部有關專家（如外部審計人員）提供的信息。通過有組織的會議討論，利用管理層、員工和其他相關利益人的專業知識和經驗來識別操作風險。通常，操作風險管理者只是引導銀行員工討論那些可能會影響商業銀行或部門目標實現的重要的潛在操作風險因素。這種方法還可用於對商業銀行操作風險的評估。

2. 關鍵風險指標法

為確保重大風險相關信息被傳遞給管理層，中國商業銀行可實施關鍵風險指標法，衡量結果來反應操作風險水準。關鍵風險指標應當容易衡量並集中匯報，指標的設計應反應操作風險水準的動態變化，應盡可能獲得風險的早期預警，從而使緩釋行動能夠防止重大操作損失或事件的發生。關鍵風險指標一般用於預防 A、B 級操作風險，或具有高絕對風險水準的 C 級操作風險。並不是所有的操作風險都需要建立關鍵風險指標。

通常選擇的關鍵風險指標包括：協議和文件的時效、未和解條款的期限、審計風險得分、補償失誤的直接成本、外部錯誤和失敗、IT 系統癱瘓時間、業務流失的數量和價值、員工統計跳槽率、交易量、錯配的確認或失敗、設置目標和觸發水準等。

關鍵風險指標法包括以下組成部分：

（1）目標水準——以可衡量的變量（成本/收益或風險/回報）表示的特定風險容忍程度，通常不為零；

（2）閾值水準——部門負責人關注並採取行動的水準；

（3）匯報觸發水準——首席營運官覺得不可接受，需要

向上匯報的風險水準。

關鍵風險指標法的實施：當特定操作風險達到觸發水準的85%時，由部門經理記錄並採取行動；當特定操作風險達到觸發水準的100%時，由部門經理和高級管理人員記錄、採取措施。關鍵風險指標的分析和匯報將導致目標和觸發水準的重新調整，對於任何A、B級操作風險均需要採取緩釋行動。

3. 商業銀行操作風險歷史風險事件信息分析

這一識別手段的思想是用商業銀行以往發生的操作風險損失事件記錄信息來識別各種操作風險事件及其誘因。如果商業銀行的操作風險管理者能夠識別出各種操作風險的誘因，就能對它進行評估和處理。

4. 商業銀行業務流程圖分析

一個業務流程通常由輸入、任務、責任和輸出共同構成。商業銀行操作風險的識別人員從業務流程出發，分析業務流程各個環節可能存在的操作風險影響因素，繪製出業務流程圖，識別影響流程目標實現的各個事件，並制定有關的控制措施以有效監測和及時排查業務流程中的各個操作風險點。

第三節　操作風險的度量

巴塞爾銀行監管委員會認為，操作風險是商業銀行的一項重要風險，銀行應對自身所面臨的操作風險進行準確的計量，並將信息公開披露。《巴塞爾新資本協議》提出操作風險量化的四種方法：基本指標法、標準法、替代標準法、高

第四章 操作風險管理

級計量法（其中高級計量法又包括了幾種方法）。這四種方法在複雜性和風險敏感度方面是逐漸增強的，操作風險管理水準較低的商業銀行可以選擇基本指標法和標準法進行計量，而高級計量法更能反應商業銀行操作風險的真實狀況。

一、基本指標法

基本指標法是指以單一的指標作為衡量商業銀行整體操作風險的尺度，並以此為基礎配置操作風險資本的方法。巴塞爾銀行監管委員會認為使用基本指標法還需遵循《操作風險管理和監管的穩健做法》的指引。基本指標法建議以銀行總收入代表風險指標，則銀行可按照這個指標之固定比率值（即權數）前三年總收入的平均值乘上一個固定比例，提取操作風險所需資本要求。資本計算公式如下：

$$K_{BIA} = [\sum_{i=1}^{n}(GI_i \times \alpha)]/n$$

其中：

K_{BIA} 表示基本指標法下的操作風險資本要求；

α 為巴塞爾銀行監管委員會所設定的比例指標（15%）；

GI 為前三年中銀行各年為正的總收入；

N 表示前三年中銀行總收入為正數的年數。

基本指標法對於總收入的定義是：淨利息收入加上非利息收入。如果某年的總收入為負或零，在計算平均值時，就不應當在分子和分母中包含這項數據。這種計算方法旨在反應所有準備（例如未付利息的準備）的總額；但不包括銀行帳戶上出售證券實現的利潤（或損失），也不包括特殊項目

以及保險收入。

基本指標法計算的資本比較簡單，新協議中未對採用該方法提出具體門檻標準，但委員會鼓勵採用此法的銀行遵循委員會於2003年2月發布的《操作風險管理和監管的穩健做法》指引。但這種方法過於粗略，委員會希望並且建議國際性大銀行能夠在協議框架下採用更為複雜和高級的方法。

二、標準法

使用標準法的銀行在達到《管理和監管操作風險良好做法》要求的同時，還必須達到一系列的資格標準：在風險度量和確認方面，必須建立適當的風險報告系統，按業務類型跟蹤有關操作風險的數據；在風險管理和控制方面必須建立獨立的風險控制、審計部門和操作風險管理、控制程序，董事會和高級管理層應積極參與風險管理；風險管理系統文件齊備等。在標準法中，銀行的業務分為八個產品部門，即公司金融、交易和銷售、零售銀行業務、商業銀行業務、支付和清算、代理服務、資產管理以及零售經紀業務。在各產品部門中，總收入是個廣義的指標，代表業務經營規模，因此也大致代表各產品線的操作風險暴露。計算各產品部門資本要求的方法是，用銀行的總收入乘以一個該產品部門適用的係數（用值表示）。值代表行業在特定產品部門的操作風險損失經驗值與該產品部門總收入之間的關係。

在標準法中，總資本要求是各產品線監管資本的簡單加總。計算公式如下：

$$K_{TSA} = \{\sum_{year1-3} \max[\sum(GI_{1-8} \times \beta_{1-8}), 0]\}/3$$

其中：

K_{TSA}表示標準法計算的資本要求；

GI_{1-8}表示八類產品線中各產品線過去三年的年均總收入；

$β_{1-8}$表示由巴塞爾銀行監管委員會設定的固定百分數，不同業務類別的 β 值如表 4-1 所示。

表 4-1　　　　　　　　　不同業務類別的值

產品線	系數
公司金融	18%
交易和銷售	18%
零售銀行業務	12%
商業銀行業務	15%
支付和清算	18%
代理服務	15%
資產管理	12%
零售經紀	12%

需要注意的是，巴塞爾銀行監管委員會規定銀行採用標準法計算操作風險資本必須達到一定的標準。這意味著並非所有的銀行均可採用標準法。原因在於，與僵硬的基本指標法相比，標準法具有一定的風險敏感度，基本反應了銀行不同業務線上的不同操作風險水準，故可適當降低操作風險監管資本要求。

三、替代標準法

替代標準法是介於標準法和高級計量法之間的過渡方法。商業銀行使用替代標準法應當證明使用該方法與使用標準法相比，能夠降低操作風險重複計量的程度。

在具體計量中，除零售銀行和商業銀行業務產品線的總收入用前三年貸款餘額的算術平均數與3.5%的乘積替代外，替代標準法的業務產品線歸類原則、對應系數和監管資本計算方法與標準法完全相同。

替代標準法下的零售銀行和商業銀行業務產品線的操作風險監管資本計算公式分別為：

零售銀行業務產品線的監管資本 = 3.5% × 前三年零售銀行業務產品線貸款餘額的算術平均數 × 12%

商業銀行業務產品線的監管資本 = 3.5% × 前三年商業銀行業務產品線貸款餘額的算術平均數 × 15%

商業銀行業務產品線貸款餘額還應包括銀行帳戶中證券的帳面價值。

在替代標準法中，商業銀行對除零售銀行和商業銀行外的業務產品線的監管資本，可以按照標準法計算，也可以用其他業務產品線的總收入之和與18%的乘積替代。

四、高級計量法

高級計量法（Advanced Measurement Approach，AMA）是指商業銀行根據定量和定性標準，通過內部操作風險計量系統計算監管資本要求。

第四章 操作風險管理

巴塞爾銀行監管委員會規定商業銀行採取高級計量法度量操作風險,必須滿足如下定性和定量標準:

(一) 定性標準

銀行在採用高級計量法計算操作風險資本之前必須符合以下定性標準:

(1) 銀行必須具備獨立的操作風險管理崗位,用於設計和實施銀行的操作風險管理框架。

(2) 銀行必須將操作風險評估系統整合入銀行的日常風險管理流程。評估結果必須成為銀行操作風險輪廓監測和控制流程的有機組成部分。

(3) 必須定期向業務管理層、高級管理層和董事會報告操作風險暴露和損失情況。銀行必須制定流程,規定如何針對管理報告中反應的信息採取適當行動。

(4) 銀行的風險管理系統必須文件齊備。銀行必須有日常程序確保符合操作風險管理系統內部政策、控制和流程等文件的規定,且應規定如何對不符合規定的情況進行處理。

(5) 銀行的操作風險管理流程和計量系統必須定期接受內部和/或外部審計師的審查。這些審查必須涵蓋業務部門的活動和操作風險管理崗位情況。

(6) 驗證操作風險計量系統,驗證的標準和程序應當符合監管機構的有關規定。

(二) 定量標準

1. 穩健標準

商業銀行必須表明所採用的方法已考慮到潛在較嚴重的

概率分佈尾部損失事件。無論採用哪種方法，銀行都必須表明，操作風險計量方式符合與信用風險 IRB 法相當的穩健標準（例如，相當於 IRB 法，觀測期 1 年，99.9% 置信區間）。

高級計量法穩健標準賦予銀行在開發操作風險計量和管理方面很大的靈活性。但銀行在開發系統的過程中，必須有操作風險模型開發和模型獨立驗證的嚴格程序。

2. 具體標準

監管當局要求銀行通過加總預期損失（EL）和非預期損失（UL）得出監管資本要求，除非銀行表明在內部業務實踐中能準確計算出預期損失。即若要只基於非預期損失得出最低監管資本，銀行必須向監管當局證明自己已計算並包括了預期損失。

銀行的風險計量系統必須足夠分散，以將影響損失估計分佈尾部形態的主要操作風險因素考慮在內。

在計算最低監管資本要求時，應將不同操作風險估計的計量結果加總。只要銀行表明其系統能在估計各項操作風險損失之間相關係數方面計算準確、措施合理有效、考慮到了此類相關性估計的不確定性（尤其是在壓力情形出現時），且高度可信，並符合監管當局要求，監管當局就允許銀行在計算操作風險損失時，使用內部確定的相關係數。同時，銀行必須驗證其相關性假設。

商業銀行需要在總體操作風險計量系統中擁有一個可信、透明、文件齊備且可驗證的流程，以確定各基本要素的相關重要程度。該方法應在內部保持一致並避免對定性評估或風險緩釋工具重複計算。

3. 內部數據要求

商業銀行必須按照《巴塞爾新資本協議》的標準跟蹤收集、記錄內部損失數據。對內部損失事件數據的跟蹤記錄，是開發出可信的操作風險計量系統並使其發揮作用的前提。跟蹤記錄內部損失數據的重要性主要體現在：一是將內部損失數據作為風險估計實證分析的基礎，二是將其作為驗證銀行風險計量系統輸入與輸出變量的手段，三是將其作為實際損失與風險管理、控制決策之間的橋樑。

銀行的內部損失數據必須綜合全面，涵蓋所有重要的業務活動，反應所有相應的子系統和地區的風險暴露情況。除了收集總損失數額信息外，銀行還應收集損失事件發生時間、總損失中收回部分等信息，以及致使損失事件發生的主要因素或起因的描述性信息。描述性信息的詳細程度應與總的損失規模相稱。如果操作風險損失與信用風險相關，並在過去已反應在銀行的信用風險數據庫中，則根據新資本協議的要求，在計算最低監管資本時應將其視為信用風險損失。因此，對此類損失不必計入操作風險資本。

4. 外部數據要求

商業銀行的操作風險計量系統必須利用相關的外部數據，尤其是預期將會發生非經常性、潛在的嚴重損失時，商業銀行必須建立標準的程序，規定在什麼情況下必須使用外部數據以及使用外部數據的方法。商業銀行定期對外部數據的使用條件和使用情況進行檢查，修訂有關文件並接受獨立檢查。商業銀行必須對外部數據配合採用專家的情景分析，求出嚴重風險事件下的風險暴露。

5. 業務經營環境和內部控制因素

除了使用實際損失數據或情景分析損失數據外,商業銀行在全行層面使用的風險評估方法還必須考慮到關鍵的業務經營環境和內部控制因素,從而使風險評估更具前瞻性,更能直接反應商業銀行的風險控制和經營環境的質量,有助於商業銀行按風險管理目標從事資本評估,及時發現操作風險,改善有可能惡化的信息。

操作性較強的度量銀行操作風險的高級計量法有以下幾種:

(1) 內部衡量法

內部衡量法首先明確商業銀行的各條產品線,對於不同產品線可能遭受的不同風險進行歸類,然後對產品線/風險類型組合設定風險暴露指標(EI)。根據商業銀行內部損失數據計算損失概率(PE)及損失程度(LGE),然後計算出產品線/風險類型組合的預期損失(EL)。其計算公式為:

EL = EI * PE * LGE

監管機構根據本國銀行業損失分佈,為產品線/損失類型組合確定將預期損失轉換成資本要求的轉換因子,利用轉換因子計算出各產品線的資本要求。其計算公式為:

$K_{TAMA} = \sum_i \sum_j [\gamma(i,j) * EI(i,j) * LGE(i,j)]$

其中:

EI 為風險暴露指標;

PE 為損失概率;

LGE 為損失程度;

γ 為將 i 類業務在 j 類風險事件預期損失轉化成資本配置

第四章 操作風險管理

所要求的轉換因子。

內部衡量法屬於典型的由下至上計量方法。利用內部衡量法，銀行可以根據內部的損失數據來計算監管資本要求。與基本指標法、標準法和替代標準法相比，內部衡量法更加真實、準確地反應了商業銀行的操作風險。

（2）損失分佈法

損失分佈法運用 VaR 計算風險資本。VaR 可以描述金融時間序列的波動性，計算 VaR 的三個指標包括置信區間大小、持有期間長短和資產組合的分佈特徵。通常採用蒙特卡羅模擬方法，通過歷史數據和實際情景得出利潤和損失的組合，進而確定置信水準下的 VaR 值。

（3）極值法

極值法是根據損失數據肥尾的特徵而設計的一種方法，對損失數據不做任何假設分佈，對觀測值中所有超過閾值的數據進行建模，直接處理損失分佈的尾部。

（4）記分卡法

記分卡法由專家對操作風險相關因素進行打分，估計損失發生的頻率和計提的風險資本。記分卡法計算操作風險的方法可以表示為：

$$K(i,j) = EI(i,j) * \omega(i,j) * RS(i,j)$$

式中，K 代表操作風險的預期損失，EI 為風險暴露。ω 為操作風險造成的損失比例，RS 為風險評分，表示某種類型的操作風險損失發生的可能性。

第四節　操作風險的監測與報告

商業銀行應該制定一套程序來定期檢測操作風險狀況和重大風險事件。

一、風險誘因/環節

操作風險涉及的領域廣泛，形成原因複雜，其誘因主要可以從內部因素和外部因素兩個方面來進行識別。從內部因素來看，包括人員、流程、系統及組織結構引起的操作風險；從外部因素來看，包括經營環境變化、外部詐欺、外部突發事件和經營場所安全性所引起的操作風險。從實際來看，操作風險的形成，特別是較大操作風險的形成，往往是上述因素同時發生作用的結果。對這些因素進行監測將有助於商業銀行及時發現風險。

此外，一些數量指標的變動會誘發商業銀行的內在風險，這類指標包括交易量、員工水準、技能水準、客戶滿意度、市場變動、產品成熟度、地區數量、變動水準、產品複雜度和自動化水準等。由於這些因素常常是操作風險發生和變化的誘因，其相關指標的顯著變化意味著操作風險的總體性質發生變化，因此，對這些指標進行分析和監測，往往可以預測將來的風險狀況。

二、關鍵風險指標

關鍵風險指標是指用來考察商業銀行風險狀況的統計數

第四章 操作風險管理

據或指標。在操作風險管理中，商業銀行可選擇一些指標並通過對其進行監測，從而為操作風險管理提供早期預警。關鍵風險指標的選擇應遵循以下四個原則：

（1）相關性，即指標與關鍵操作風險具有明顯的相關性，指標的變動能揭示風險變化情況，反應風險暴露程度。

（2）可測量性，即能夠利用現有的資源對指標進行量化。

（3）風險敏感性，即資產組合的變動能夠及時通過指標體現出來。

（4）實用性，即指標能夠滿足使用者的需要，這些使用者主要是風險管理部門的風險主管和各業務部門的操作風險管理經理。

確定關鍵風險指標的三個步驟為：

第一步，瞭解業務和流程；

第二步，確定並理解主要風險領域；

第三步，定義風險指標並按其重要程度排序，確定主要的風險指標。

為了便於決策，商業銀行應該為所選定的風險指標設定門檻值，並根據其所包含的風險情況確定相應的監測頻率，便於風險管理部門及時向高級管理層發出預警，促使商業銀行及時對風險變動採取必要的行動。根據操作風險的識別特徵，操作風險關鍵指標包括人員風險指標（如從業年限、人均培訓費用、客戶投訴占比等）、流程風險指標（交易結果和核算結果差異、前後臺交易中斷次數占比等）、系統風險指標（如系統故障時間、系統數量等）和外部風險指標（如

反洗錢警報數占比等)。

（1）人員的從業年限。不考慮先前的工作經驗，只考慮員工在當前部門的從業年限。一般員工從業年限越長，工作經驗越豐富，業務出錯的可能性越小。監控員工從業年限變化趨勢以及預計該項工作所需要的經驗，有助於分析員工流動情況，發現可能會出現高風險的部門，並對有高度人員流動歷史記錄的部門進行監管。

（2）員工人均培訓費用。即年度員工培訓費用/員工人數，其變化情況反應出商業銀行在提高員工工作技能方面所作出的努力。如果商業銀行總培訓費用增加但人均培訓費用下降，表明有部分員工沒有受到應有的培訓，可能會留下操作隱患。

（3）客戶投訴占比。即每項產品客戶投訴數量/該產品交易數量，其變化反應出商業銀行正確處理包括行政事務在內的投訴的能力，同時也體現了客戶對商業銀行服務的滿意程度。監控客戶投訴可以幫助商業銀行瞭解在服務傳達到客戶之前沒有被發現的錯誤以及錯誤的來源。

（4）失敗交易數量占比。即一段時間內的失敗交易筆數/該時間內的總交易筆數，其變化可以衡量補償客戶的實際成本或者那些為交易不當而付出的成本。商業銀行可以從失敗交易中瞭解到整體層面上所有失敗交易的總成本。

（5）櫃員平均工作量。即一段時間內的交易筆數/櫃員人數。由於商業銀行業務流程依賴前臺、後臺處理，涉及手工作業，因此可能導致更多的錯誤。每個櫃員的交易筆數反應出較高或較低的工作量。通過監控工作量，商業銀行可以

第四章 操作風險管理

瞭解某一流程中的人員需求，並預期可能出現的錯誤概率。

（6）交易結果和財務核算結果間的差異。即某產品交易結果和財務結果之間的差異/該產品交易總次數。種類繁多的金融產品使得交易結果和財務核算結構匹配和核對困難，尤其當財務人員配備不足、前臺（中臺、後臺）和財務部門缺少充分合作時。差異擴大意味著存在管理報表和決策基礎不穩的風險。對其監控可以提高風險管理報告的質量。

（7）前後臺交易不匹配占比。即前臺和後臺沒有匹配的交易數量/所有交易數量。其說明前臺的記錄存在問題或者後臺輸入交易信息時出現問題。對其進行監控可以體現前臺和後臺在執行和管理交易訂單時的準確程度，還可以預測由於操作而引發的損失和事件。

（8）系統故障時間。即一段時間內業務系統出現故障的總時間/該段時間承諾的正常營業時間。監控其變化可以及時發現和處理業務系統故障。

（9）系統數量。即每個業務部門與業務相關的 EXCEL 表格數量/業務系統種類。在很多情況下，由於缺乏好的系統支持，業務人員不得不借助於大量的 EXCEL 表格，後果是業務流程中出現很多手工作業，既不準確又加大了工作量，導致流程低效以及員工缺乏工作激勵。對該指標進行監控可以反應出哪裡問題最嚴重，以及哪些業務的風險趨勢是下降的。

（10）反洗錢警報占比。即反洗錢系統針對洗錢發出報警的交易量/實際交易量。其是對洗錢風險的度量指標，可以及時發現外部風險行為和外部風險事件，並為商業銀行制

定風險控制措施應對外部風險提供依據。

適時評估關鍵風險指標是否處於合理水準，有助於商業銀行及時發現潛在的風險隱患，並將操作風險水準保持在可控範圍之內。

三、風險報告

在完成風險識別、計量、監測後，接下來就應當向管理層作風險報告。風險報告的目的在於向高級管理層揭示以下信息：銀行的主要風險源及整體風險狀況、風險的發展趨勢、將來值得關注的地方。一般來說，各業務部門負責收集相關數據和信息，並報告至風險管理部門。風險管理部門進行分析、評估後，形成最終報告，並呈送高級管理層。當然，有些銀行並不是這樣做的。在這些銀行，各業務單位、銀行內職能部門、操作風險管理部門和內部審計部門單獨向高級管理層進行匯報。但不管怎樣做，它們的目的是一致的，風險報告的內容也是相同的。根據巴塞爾銀行監管委員會的有關規定及銀行業的實際做法，風險報告大致包括風險評估結果、損失事件、風險誘因、關鍵指標以及資本金水準五個部分。操作風險報告流程如圖4-1所示。

除高級管理層外，操作風險報告還應發送給相應的各級管理層以及可能受到影響的有關單位，以提高商業銀行整體的操作風險意識。需要注意的是，風險報告在完成後到報送至高級管理層及其他相關部門之前，還需要進行檢查和確認，以保證報告的內容以及風險評估的流程與實際情況和相

第四章　操作風險管理

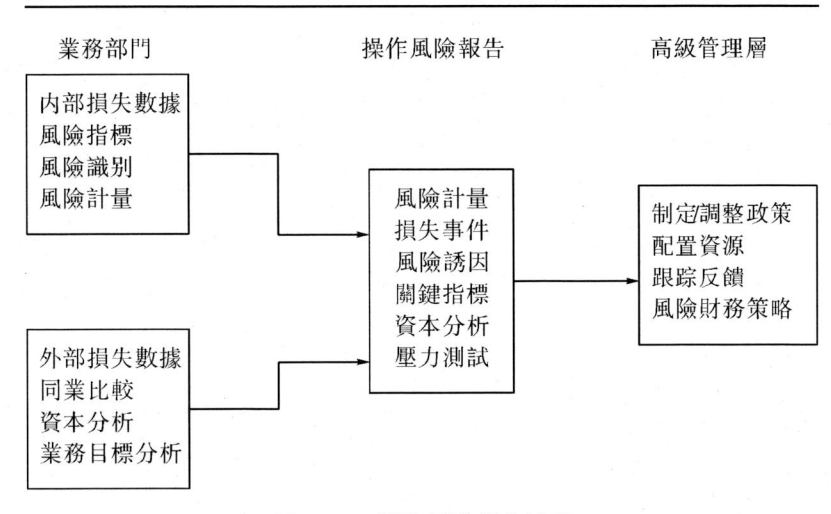

```
業務部門              操作風險報告           高級管理層

┌──────────┐
│ 內部損失數據 │
│ 風險指標   │─────┐
│ 風險識別   │     │    ┌──────────┐     ┌──────────┐
│ 風險計量   │     │    │ 風險計量   │     │ 制定/調整政策 │
└──────────┘     ├───▶│ 損失事件   │────▶│ 配置資源   │
                  │    │ 風險誘因   │     │ 跟踪反饋   │
                  │    │ 關鍵指標   │     │ 風險財務策略 │
┌──────────┐     │    │ 資本分析   │     └──────────┘
│ 外部損失數據 │     │    │ 壓力測試   │
│ 同業比較   │─────┘    └──────────┘
│ 資本分析   │
│ 業務目標分析 │
└──────────┘
```

圖 4-1　操作風險報告流程

關規定相符。為了確保風險報告的有效性和可靠性，建議結合監管機構或外部審計師撰寫的風險報告來分析。

第五節　操作風險的控制

商業銀行應該通過制定風險控制程序、步驟及方法和措施，並且以制度形式確保有關風險管理系統的內部政策能被遵循。公司治理、內部控制體系、合規文化和信息系統建設對農村合作金融機構控制操作風險至關重要。

一、操作風險控制環境

商業銀行的風險控制環境包括公司治理、內部控制、合規文化及信息系統四項要素，對有效管理和控制操作風險至關重要。

(一) 公司治理

完善的公司治理結構是現代商業銀行控制操作風險的基礎。最高管理層級相關部門在控制操作風險方面承擔著不同的職責。

(1) 操作風險管理委員會及操作風險管理部門，負責商業銀行操作風險管理體系的建立和實施，確保全行範圍內操作風險管理的一致性和有效性。其主要職責包括：擬定本行操作風險管理政策和程序，提交董事會和高級管理層審批；協助其他部門識別、評估和檢測本行重大項目的操作風險；設計、組織實施本行操作風險評估、緩釋和監測方法以及全行的操作風險報告系統；建立適用於全行的操作風險基本控制標準，並指導和協調全行範圍內的操作風險管理。

(2) 業務部門對操作風險的管理情況負直接責任，應指定專人負責操作風險管理。根據商業銀行操作風險管理體系的要求，建立本部門持續有效的操作風險識別、評估、監測和控制程序。

(3) 內部審計部門負責定期檢查評估商業銀行操作風險管理體系的運作情況，監督操作風險管理政策的執行情況，對新出抬的操作風險管理方案進行獨立評估，直接向董事會報告操作風險管理體系運行效果的評估情況。

(二) 內部控制

內部控制機制是對銀行內部管理活動進行衡量和糾正的一整套制度安排，其最初的目的就是為了減少和控制商業銀行營私舞弊、弄虛作假、盜用公款等行為的發生。它屬於操

第四章 操作風險管理

作風險管理最傳統、最原始的手段。但內部控制的建立並不等於它就會有效地發揮作用。大量發生操作損失的銀行在某種程度上都建立了良好的內部控制制度，但操作風險損失事件仍頻頻發生。隱藏在內部控制失效背後的則是內部控制要素的缺失和內部控制運行體系的紊亂。加強和完善商業銀行內部控制體系已經成為中國商業銀行防範操作風險的迫切需要。COSO 的《內部控制——整體框架》和《全面風險管理框架》以及巴塞爾銀行監管委員會的《銀行機構內部控制體系框架》是各國商業銀行進行內部控制建設的框架和指引，中國銀監會要求中國商業銀行在加強內部控制建設方面也應當遵循有關原則和要求。

(三) 合規文化

商業銀行的合規文化是根據《巴塞爾新資本協議》規定的合規風險衍生出來的關於銀行如何規避此類風險的管理方式的一種界定。合規文化就是為了保證商業銀行的所有成員都能夠自覺做到依法合規，而確立合規的理念、倡導合規的風氣、加強合規的管理、營造合規的氛圍，形成一種良好的軟環境。培育合規文化、強化合規經營是對商業銀行的必然要求。商業銀行自身工作性質、經營產品以及金融服務的特殊性，決定了它的風險性大、規範性強，對合規經營、合規管理的要求比較高。

根據調查分析，違規操作、內部詐欺等行為所導致的操作風險損失事件在中國商業銀行操作風險中占比超過 80%，說明中國商業銀行在日常經營活動中存在嚴重的「有令不行、有禁不止」的違規現象。因此，培育合規文化、強化合

規管理將成為中國商業銀行操作風險管理的重要問題。

（四）信息系統

商業銀行信息系統包括主要面向客戶的業務信息系統和主要供內部管理使用的管理信息系統。先進的業務信息系統能夠大幅提高商業銀行的經營效率和管理水準，顯著降低操作失誤。操作風險管理信息系統主要用於建立損失數據庫、操作風險識別、監測、計量等方面。商業銀行應通過不斷完善操作風險管理信息系統來提高操作風險管理水準。

二、操作風險緩釋

根據商業銀行管理和控制操作風險的能力，可以將操作風險劃分為四大類：可規避的操作風險、可降低的操作風險、可緩釋的操作風險和應承擔的操作風險。可規避的操作風險指那些商業銀行可以通過調整業務規模、改變市場定位、放棄某些產品等措施讓其不再出現的風險；可降低的操作風險可以通過採取更為有力的內部控制措施來降低風險發生頻率；可緩釋的操作風險，如火災、搶劫等，商業銀行往往難以規避和降低，但可以通過制定應急和連續營業方案、購買保險、業務外包等方式將風險轉移或緩釋。商業銀行不管盡多大努力，採取多好的措施，購買多好的保險，總會有些操作風險發生，這些是商業銀行必須承擔的風險，需要為其計提損失準備或分配資本金。

（一）連續營業方案

由於存在不可控制的因素，當商業銀行的物業、電信或

第四章 操作風險管理

信息技術基礎設施嚴重受損或不可用時，商業銀行可能無力履行部分或全部業務職責，結果給商業銀行帶來重大經濟損失，甚至通過諸如支付系統等渠道而造成更廣的金融系統癱瘓。這種可能性的存在要求商業銀行建立災難應急恢復和業務連續方案，考慮商業銀行可能遭遇的各種可能情形，方案應該與商業銀行經營的規模和複雜性相適應。商業銀行應該識別那些對迅速恢復服務相當重要的關鍵業務程序，包括依賴外包商服務，明確在中斷事件中恢復服務的備用機制。商業銀行還應定期檢查其災難恢復和業務連續方案，保證與其目前的經營和業務戰略吻合，並對這些方案進行定期測試，確保商業銀行在低概率的嚴重業務中斷事件發生時能夠執行這些方案。

持續經營計劃應是一個全面的計劃，強調操作風險識別、緩釋、恢復以及持續計劃，具體包括業務和技術風險評估、面對災難時的風險緩釋措施、常年持續性的恢復程序和計劃、恰當的公司治理結構、危機和事故管理、持續經營意識培訓等方面。

(二) 計提操作風險準備金

將商業銀行操作風險納入到銀行計提風險準備金的範圍，是《巴塞爾新資本協議》的一項重要成果。這種做法有利於銀行從自身角度提高操作風險管理水準，培育先進的風險管理文化，並在對風險的度量與管理中尋求風險與效益的最佳配置；從監管當局看，有利於為整個銀行體系的風險配備足夠的資本，發揮資本在維護銀行體系穩定中的作用。中國商業銀行應計提操作風險準備金，設立操作風險準備金帳

戶，以加強商業銀行的穩健營運。

(三) 利用保險轉嫁操作風險

保險是目前國際銀行業使用最普遍的操作風險轉嫁方式，不同的操作風險會有不同的保險產品與之相對應。銀行可以為操作風險事件購買保險，以保險費為代價，將操作風險轉嫁給保險公司。傳統保險產品中的銀行一攬子保險、錯誤與遺漏保險和經理與高級職員責任險等，已經被實踐證明是比較成熟的保險產品，得到了廣泛的應用。銀行一攬子保險，主要承保的是銀行內部盜竊和詐欺、外部詐欺、不誠實交易和其他一般責任造成的損失；錯誤與遺漏保險，承保的是無法為客戶提供專業服務，或在提供服務過程中出現過失的風險；經理與高級職員責任險，承保的是銀行經理與高級職員操縱市場、洗錢、未對敏感信息進行披露、不當利用重要信息等行為，而給銀行造成潛在損失的風險。近年來，保險公司也開發了一些新的保險產品，諸如未授權交易保險。未授權交易保險主要承保未報告的交易、未授權的交易、超過限額的交易造成損失的風險。除了直接補償操作風險導致的損失外，保險還具有促進風險管理的間接作用。保險的存在能使商業銀行和保險公司合作，監控並合力降低操作風險，減少風險暴露。

在商業銀行投保前，不論是商業銀行自身還是保險機構都要充分評估商業銀行操作風險的暴露程度、風險管理能力及財務承受能力，最終確定是由商業銀行自擔風險還是由保險機構承保。國內商業銀行在利用保險轉移操作風險方面還處在探索階段，除了諸如火災、固定資產損害之類的意外事

第四章　操作風險管理

故險外,國內保險公司尚未開發出更多針對商業銀行操作風險的保險產品,這也制約了商業銀行將保險作為操作風險的緩釋工具。

(四) 採用業務外包方式轉移操作風險

除保險外,適當的業務外包也可以減少商業銀行面臨的操作風險。所謂業務外包,是指銀行把一般性的業務或者服務的輔助環節交給具有較高技能和規模的第三方來進行管理和經營。對銀行而言,業務外包不僅可以降低成本,減少操作風險,減少與信用風險相聯繫的資本要求,而且能將部分人力資源從日常風險管理中解放出來,滿足增強銀行核心競爭力的需要。目前中國商業銀行的部分業務已經實現了外包,如商業銀行將 ATM 機的技術標準和設備維護外包給設備生產廠家或專業技術服務公司,一旦因設備故障造成帳款不符或未能識別出假幣,一律由外包公司承擔賠償責任,排除了因技術設備問題給銀行造成的操作風險損失。同時,外包使商業銀行將重點放到核心業務上,從而提高營運效率,節約成本。

業務外包必須有嚴謹的合同或服務協議,以確保外部服務提供者和商業銀行之間責任劃分明確。同時,商業銀行還需瞭解和管理與外包相關的風險,如營業中斷、潛在的業務失敗或外包方違約等。因此,商業銀行必須對外包業務的風險進行管理。選擇外包服務公司時要對其財務狀況、信譽狀況和雙方各自的獨立程度進行評估。

第五章 流動性風險管理

　　流動性風險管理是識別、計量、監測和控制流動性風險的全過程。商業銀行應當堅持審慎性原則，充分識別、有效計量、持續監測和適當控制銀行整體及在各產品、各業務產品線、各業務環節、各層機構中的流動性風險，確保商業銀行無論在正常經營環境中還是在壓力狀態下，都有充足的資金應對資產的增長和到期債務的支付。

　　全球金融危機深刻警示商業銀行隨時面臨流動性風險，特別是個別金融機構的流動性風險迅速惡化，如出現擠兌、股價暴跌、破產倒閉等情況，可能引發存款人及社會公眾普遍擔憂同類金融機構的經營狀況及風險管理能力。如果出現流動性危機的金融機構在整體經濟中佔有重要地位，則將不可避免地引發系統性風險，危及本國的經濟利益和金融安全。因此，不論是從商業銀行內部管理還是從外部監管的角度來講，流動性一直被中國銀行業認為是至關重要的三性原則（安全性、流動性和效益性）之一。

第一節　流動性風險概述

一、流動性風險的定義

　　流動性風險是指商業銀行雖然有清償能力，但無法及時

第五章　流動性風險管理

獲得充足資金或無法以合理成本及時獲得充足資金以應對資產增長或支付到期債務的風險。如不能有效控制流動性風險，將有可能損害商業銀行的清償能力。流動性風險可以分為融資流動性風險和市場流動性風險。融資流動性風險是指商業銀行在不影響日常經營或財務狀況的情況下，無法及時有效滿足資金需求的風險。市場流動性風險是指由於市場深度不足或市場動盪，商業銀行無法以合理的市場價格出售資產以獲得資金的風險。

二、流動性風險形成的原因

商業銀行流動性風險的形成既包括由於銀行本身貸長借短的資產負債結構上的內生性原因，也包括許多由於外部因素所導致的原因。

（1）內生性原因。追求利潤就必須承擔流動性風險。商業銀行是一種特殊的企業，它主要以各種存款為資金來源，以各種貸款為資金運用，靠利差來創造利潤，靠負債來增加資產，「由債務生債權」。商業銀行流動性風險的產生，主要來源於商業銀行經營過程中資產和負債在期限搭配上的技術缺陷，把大量的短期資金來源安排了長期的資金運用，造成流動性缺口的產生。在資產負債期限搭配非對稱的同時，又未安排充足的支付準備，以至於造成資金週轉失靈。

（2）外生性原因。市場風險將會影響銀行利用其作為自營交易的金融工具組合產生流動性的能力。這些組合市值的任何不利變化，可能使盈利性出現波動。任何一家銀行如果被認為承受了過高的市場風險，資金提供者便可能要求它付

出較高的利息，甚至拒絕向它提供任何融資。

市場利率波動導致投資者投資行為改變。面對眾多可供選擇的投資途徑和投資方式，作為銀行客戶的投資者通常會根據市場利率的變化而適時改變自己的投資行為。通常當市場利率上升時，從負債方面來看，某些存款者會將資金從銀行提出，再轉投到其他報酬率更高的領域，比如購買價格因市場利率上升而下跌的有價證券；從資產方面來看，市場利率低，貸款利率也會降低，企業籌資成本下降，貸款需求上升，許多貸款客戶可能會推進新的貸款需求或是加速提取那些支付低利率的信貸額度。這兩個方面導致銀行資產負債結構的穩定性受到影響，進而產生誘發流動性風險的可能性。當然，這種投資行為的改變究竟會在多大程度上影響銀行資產負債結構的穩定，還要根據銀行資產負債對利率變化的敏感度而定。

三、流動性風險的分類

按照流動性風險所造成危害程度的不同，可以將其分為以下幾種情況：

（1）日常經營流動性風險，指銀行的一切經營活動正常，信貸資金市場正常運轉，銀行本身並無嚴重問題發生。銀行的流動性風險是由銀行本身資產和負債的經營特點所決定的，是日常經營活動面臨的必然問題。

（2）銀行本身存在重大流動性風險隱患，例如，出現大量的壞帳。1997年以來亞洲金融危機給我們的深刻教訓之一就是巨額不良貸款成為銀行陷入支付危機的重要原因。

第五章　流動性風險管理

（3）銀行業整體出現危機，指銀行業整體出現流動性缺乏或流動性流失而引發的流動性風險。

第一種情況又稱為經營性流動性風險，後兩種稱為危機性流動性風險。危機性流動性風險是商業銀行破產倒閉的直接原因，但它往往是由其他風險（信貸風險、利率風險、經營管理風險）所致，表現為一種派生風險。如果流動性風險之外的風險不累積到一定的程度，大都可以使銀行在危險的境況下繼續經營，甚至可能起死回生，而一旦累積到爆發點，將直接導致客戶擠兌；如果又得不到外援的有力支持，銀行面臨的將是破產倒閉，因此其危害極大。

第二節　流動性風險識別

流動性是指銀行能夠隨時應付客戶提存，滿足必要貸款需求的能力。從保證這種支付能力來說，流動性應包括兩種意義：一是指資產的流動性；二是指負債的流動性。商業銀行的流動性體現在資產流動性和負債流動性兩個方面。

資產流動性是指商業銀行持有的資產可以隨時得到償付或者在不貶值的情況下出售，即無損失情況下迅速變現的能力。變現能力越強，所付成本越低，則流動性越強。商業銀行應當估算所持有的可變現資產量，把流動性資產持有量與預期的流動性需求進行比較，以確定流動性適宜度。

負債流動性是指商業銀行能夠以較低的成本隨時獲得需要的資金。籌資能力越強，籌資成本越低，則流動性越強。由於零售客戶和公司/機構客戶對商業銀行風險的敏感度有

差別，因此負債流動性應從零售和公司/機構兩個角度分析：①零售客戶對商業銀行的信用和利率水準不是很敏感，其存款意願取決於其金融知識和經驗、商業銀行的地理位置、服務質量和產品種類、存款利息等。通常，個人存款往往被看成核心存款的重要組成部分。②公司/機構對商業銀行的信用和利率水準一般很敏感，通過檢測商業銀行發行的債券和票據在二級市場中的交易價格的變化，來評估商業銀行的風險水準，並據此調整存款額度和去向。因此，公司/機構存款通常不夠穩定，對商業銀行的流動性影響較大。

一、資產負債期限結構

商業銀行的資產負債期限結構是指在未來特定時段內，到期資產數量（現金流入）與到期負債數量（現金流出）的構成狀況。最常見的資產負債的期限錯配情況是，商業銀行將大量短期借款（負債）用於長期貸款（資產），即「借短貸長」，因此有可能因到期支付困難而面臨較高的流動性風險。例如，商業銀行從個人、機構手中借入大量的短期存款和儲備資金，卻經常以長期貸款的形式提供給借款者，造成商業銀行的資產負債與持有到期日不匹配。這種借短貸長的資產負債結構導致商業銀行資產所產生的現金流入，只有在極少數情況下能夠剛好彌補因支付負債所必需的現金流出，商業銀行必須為此隨時準備應付現金支付的需求，特別是在每週的最後幾天、每月的最初幾日或每年的節假日。實踐操作中，除了上述特殊時段外，正常時期內的客戶存款基本保持穩定，大多數持有到期日為零的活期存款反而扮演著核心

第五章 流動性風險管理

存款的角色。商業銀行可以根據經驗形成每個營業日存款淨流失額的概率分佈，設法在資金的流出和流入之間尋求一個最佳的平衡點。因此，通常認為商業銀行正常範圍內的「借短貸長」的資產負債結構特點所引致的持有期缺口，是一種正常的、可控性強的流動性風險。

商業銀行的資產負債期限結構受多種因素的影響。例如，商業銀行對利率變化的敏感程度直接影響著資產負債期限結構，因為任何利率波動都會導致商業銀行資產和負債的價值產生波動。外部市場因素的變化同樣會影響資產負債期限結構。

在實踐操作中，商業銀行通常選擇在真正需要資金的時候借入資金，而不是長期在總資產中保存相當規模的流動性資產。因為流動性資產回報率很低，所以借入流動性可以提高商業銀行的潛在收益。此外，借入資金還有助於保持商業銀行的資產規模和構成的穩定性。

二、幣種結構

對於從事國際業務的商業銀行而言，多幣種的資產與負債結構進一步增強了流動性管理的複雜程度。例如，一旦本國或國際市場出現異常波動，外幣債權方通常因為對債務方缺乏深入瞭解並且無法像國內客戶那樣能夠相對容易地做出正確判斷，而可能要求債務方提前償付債務。在這種不利的市場條件下，國內商業銀行如果不能迅速滿足外幣債務的償付需求，將不可避免地陷入外幣流動性危機，並嚴重影響其在國際市場上的聲譽。因此，從事國際業務的商業銀行必須

高度重視各主要幣種的資產負債的期限結構。根據巴塞爾銀行監管委員會的規定，商業銀行應對其經常使用的主要幣種的流動性狀況進行計量、監測和控制。除結合本幣承諾來評價總的外匯流動性需求以及可接受的不匹配外，商業銀行還應對所持有的各幣種的流動性進行單獨分析。對於商業銀行持有的外匯總額及重要幣種，應制定並定期檢查一定時期內對現金流不匹配規模的限制。

　　商業銀行可以根據日常外幣儲蓄、國際支付的需要，持有「一攬子」外幣資產組合併獲得無風險收益率。商業銀行可以根據其外幣債務結構，選擇以百分比方式匹配外幣債務組合，即將所持有的外幣資產盡可能地對應其債務組合結構。例如，如果商業銀行的債務主要由美元、歐元和日元組成，則其持有的外幣資產也應當參照美元、歐元和日元債務的比率。商業銀行如果認為某種外幣是最重要的對外結算工具，也可以選擇以絕對方式匹配債務組合，即完全持有該重要貨幣用來匹配所有外幣債務，而減少其他外幣的持有量。

　　三、分佈結構

　　商業銀行應當盡量降低其資金來源（例如存款）和使用（例如貸款）的同質性，形成合理的來源和使用分佈結構，以獲得穩定的、多樣化的現金流量，降低流動性風險。商業銀行應當根據自身情況控制各類資金來源的合理比例，並適度分散客戶種類和資金到期日；在日常經營中持有足夠水準的流動資金，並根據本行的業務特點持有合理的流動資產組合，作為應付緊急融資的儲備；制定適當的債務組合以及與

第五章　流動性風險管理

主要資金提供者建立穩健持久的關係，以維持資金來源的多樣化及穩定性，避免資金來源過度集中於個別對手、產品或市場；同時制定風險集中限額制度，並監測日常遵守的情況。通常，零售性質的資金比批發性質的資金具有更高的穩定性，因為其資金來源相對來說更加分散，同質性更低。因此，以零售資金來源為主的商業銀行，其流動性風險相對較低。

同理，商業銀行的資金使用（例如貸款發放）同樣應當注意貸款對象、時間跨度、還款週期等要素的分佈結構。例如，商業銀行的貸款過度集中於房地產企業，則很容易在房地產行業不景氣時，造成不良貸款大量增加，無法按期回收貸款，導致商業銀行盈利下降，資金來源不足，進而增加流動性風險。

雖然流動性風險通常被認為是商業銀行破產的直接原因，但實質上，流動性風險是信用、市場、操作、聲譽及戰略風險長期積聚、惡化的綜合作用的結果。如果這些與流動性相關的風險不能及時得到有效控制，最終將以流動性危機的形式爆發出來。因此，商業銀行時刻面臨著流動性風險，而且個別商業銀行所出現的流動性風險，可能使存款人擔憂同類金融機構的清償能力。

第三節　流動性風險計量

商業銀行在經營管理過程中，一方面為了實現更高收益，通常會持有期限較長、收益率較高的金融資產；另一方面由於負債的不穩定性，不得不持有足夠的流動資產以滿足

日常經營和支付/結算的需求。因此,採用多種有效方法準確評估商業銀行資產的流動性情況、負債的穩定性情況以及資產負債期限分配情況,有助於深入瞭解商業銀行的流動性風險情況,並採取恰當的風險控制措施。

一、指標法

指標法是各國監管當局和商業銀行廣泛使用的流動性風險評估方法,其做法是首先確定流動性資產的種類並進行估值,然後確定合理的指標並用於評估和監控。常用的指標包括:

(1) 現金資產比率通過對商業銀行持有現金頭寸的衡量來說明商業銀行即時流動性的強弱,該指標值越高,表明商業銀行在滿足即時現金需求時處於有利地位。其公式為:

現金資產比率 = (現金 + 存放同業)/資產總額

(2) 政府債券具有風險低、可控性較強、流動方便等特點,能夠方便地滿足流動性需求,是資產流動性供給的重要部分,因此該指標能從一定程度上反應商業銀行的流動性供給情況。在同等條件下,該指標越高,銀行資金流動性越高,滿足潛在流動性需求的能力越強。其公式為:

流動性證券比率 = 政府債券/總資產

(3) 同業拆借淨值率的高低,不但表明商業銀行流動性的強弱,而且反應商業銀行臨時拆借能力的高低。該比率升高,銀行流動性增強。其公式為:

同業拆借淨值率 = (同業拆出 - 同業拆入)/總資產

(4) 熱錢比率指標。其公式為:

熱錢比率 = 貨幣市場資產/貨幣市場負債

第五章 流動性風險管理

其中：

貨幣市場資產＝現金＋短期政府債券＋同業拆出＋反向回購協議債券貨幣市場負債＝大額定期存單＋歐洲貨幣存款＋同業拆入＋回購協議證券

該指標反應銀行平衡貨幣市場資產與負債的能力。

（5）能力比率是一個負向流動性指標，該指標反應了銀行資產中流動性最小的資產占總資產的比例。能力比率越高，銀行流動性越差；反之，能力比率越低，說明銀行的貸款能力未充分釋放。其公式為：

能力比率＝（淨貸款＋租賃）/總資產

（6）短期投資對敏感性負債比率。短期投資包括在其他銀行的短期存款、聯邦資金售出額和持有的短期證券；敏感性負債包括10萬元以上的各期存款、外國官方存款、回購協議中的售出證券、政府持有的即期票據和其他負債。這些負債都是銀行資金的來源，但對利率敏感性極強，所以，很容易流失到其他銀行。這一比率如果提高了，則意味著銀行的流動性增強。其公式為：

短期投資對敏感性負債比率＝短期投資/敏感性負債

（7）擔保證券比率。該指標越高，銀行流動性越低。因為該指標越高，表明銀行需要籌措現金時可轉化的證券便越少。其公式為：

擔保證券比率＝擔保證券/所持證券總額

（8）核心存款比率和易變負債比率。商業銀行存款按穩定程度分為核心存款和非核心存款。核心存款指銀行存款中對利率變化不敏感、受季節變化和經濟環境影響較小的那部

分存款。非核心存款（易變性存款）與核心存款相對，指那些會依市場利率、經濟環境和季節性因素的變化而不斷提取和存入。其公式分別是：

核心存款比率＝核心存款/總存款

易變負債比率＝易變負債（敏感性負債）/總資產

核心存款比率和易變負債比率，是一對相反的指標，這兩者從不同角度反應了銀行的流動性能力。對於同樣規模的銀行來說，核心存款比率越高，說明銀行的流動性能力越強；易變負債比率越高，銀行運用貨幣市場籌措資金滿足流動性的能力越高。在中國，貨幣市場的發展遠落後於資本市場的發展，商業銀行運用核心存款比率來衡量流動性遠較易變負債比率有效。但隨著參與股市股民的普遍化、資金量的增加，易變負債比率也越來越有用。

（9）淨非核心融資依附比率主要衡量銀行對專業貨幣市場融資的依賴程度。通常貨幣市場對信貸和資金的價格都十分敏感，如若發現銀行的資產質量存在或潛藏問題時，資金提供者將立即從銀行抽出他們的資金。因此，為了減少流動性波動，避免因過度依靠這些批發融資而產生流動性風險，銀行應拓寬融資渠道，注意將貸款的期限結構錯開，同時銀行還必須安排應對突發事件的融資計劃。其公式為：

淨非核心融資依附比率＝（淨非核心負債－短期投資）/長期資產

（10）存貸比率是衡量商業銀行流動性風險的傳統指標，該指標反應了銀行流動性最低的貸款資產占用銀行流動性最高的存款資金的程度。該指標值越高，表示流動性越低，流

第五章　流動性風險管理

動性風險越大；反之，流動性風險越低。運用這一指標時要注意和銀行的經營風格結合分析。這一衡量指標的缺陷是沒有考慮存款和貸款的期限、質量和收付方式的匹配。其公式是：

存貸比率＝貸款總額/核心存款

指標法的優點是簡單實用，有助於理解商業銀行當前和過去的流動性情況；缺點是其屬於靜態評估，無法對未來特定時段內的流動性情況進行評估和預測。

二、現金流分析法

這是另一種使用較多的流動性模型，它強調了「實際和潛在的現金流量」的概念。實際現金流量僅指那些按合同規定發生的現金流量，如即將到期的資產和即將到期的負債、尚未到期的資產產生的利息、尚未到期負債支付的利息、零售存款的季節性變動。而那些可能被展期的即將到期的資產和負債、無固定期限的零售存款、不固定的貸款承諾等就屬於潛在性的現金流量。銀行的大多數現金流量為潛在的現金流量。這是流動性測量中很重要的環節。

通過對商業銀行短期內的現金流入和現金流出的預測和分析，可以評估商業銀行短期內的流動性狀況。當來源資金大於使用資金時，即出現過剩，表明該機構流動性相對充足，但此時商業銀行必須考慮這種流動性的機會成本，因為剩餘資金可以通過其他渠道賺取更高的收益；相反，若商業銀行出現流動性赤字，則必須考慮這種赤字可能給自身營運帶來的風險。根據歷史經驗，剩餘額與總資產之比小於3%～5%時，對該機構的流動性是一個預警。實踐證明，為

了合理預計商業銀行的流動性需求,應當將流動性「剩餘」或「赤字」與融資需求在不同的時間段內進行比較,其目的是預測新貸款淨增加值(新貸款額－到期貸款－貸款出售)、存款淨流量(流入量－流出量),以及其他資產和負債的淨流量,然後將上述流量預測值加總,再與期初的「剩餘」或「赤字」相加,獲得未來時段內的流動性頭寸。其公式如下:

流動性期限缺口＝當期資產＋表外收入－負債總計－表外支出

其中:

當期資產＝現金＋存放中央銀行款項＋存放同業款項＋拆借同業＋買入返售資產＋各項貸款＋債權投資＋其他資產

當期負債＝向中央銀行借款＋同業存放款項＋同業拆入＋賣出回購款項＋各項存款＋發行債券＋其他負債

三、其他評估方法

商業銀行除了採取指標法、現金流分析法外,還應逐步採用更為有效的缺口分析法和久期分析法,深入分析和評估商業銀行不同時期的整體流動性情況。

(一) 缺口分析法

缺口分析法是巴塞爾銀行監管委員會推薦的方法,也是對流動性風險度量的一個重要方法,在各國商業銀行中得到了廣泛應用。缺口分析法針對特定時段,計算到期資產和到期負債之間的差額,即流動性缺口,以判斷商業銀行在不同時段內的流動性是否充足。需要注意:在特定時段之內,雖然沒有到期,但是可以在不遭受任何損失或者是承受的損失

第五章 流動性風險管理

額度很少的情況下,將那些能夠出售、變現的資產,也列入到期資產。因為它的性質和作用與到期資產是一樣的。

在美國,商業銀行通常是將包括活期存款在內的平均存款,作為核心資金,為貸款提供融資餘額。商業銀行在未來特定時段內的貸款平均額和核心存款平均額的差,就構成了融資缺口。其公式如下:

融資缺口 = 貸款平均額 – 核心存款平均額

如果缺口為正,那麼說明商業銀行必須動用現金和流動性資產,或者是介入貨幣市場進行融資。所以,融資缺口從彌補的角度來看,就產生了第二個公式:

融資缺口 = 借入資金 – 流動性資產

第二個公式變形為:

借入資金 = 融資缺口 + 流動性資產

融資需求(借入資金)= 融資缺口 + 流動性資產 =(貸款平均額 – 核心存款的平均額)+ 流動性資產

商業銀行的融資缺口和流動性資產持有量愈大,商業銀行從貨幣市場上需要借入的資金也愈多,從而它的流動性風險亦愈大。融資缺口擴大可能意味著存款流失增加,貸款因客戶增加而上升。例如,房地產和股市發展的過熱,意味著存款流失的增加和貸款的增加,從而使得融資缺口擴大,使得銀行面臨相當大的流動性風險。當然,流動性風險是銀行面對的風險的一個方面,更為重要的風險是,股市和樓市屬於資產市場,如果資產市場被過度炒作的話,會形成泡沫,一旦泡沫破裂,商業銀行就會面臨非常大的市場風險。

商業銀行可以通過出售所持有的流動性資產或轉向資金

市場借入資金來緩解流動性壓力。但隨著借入資金的頻率和規模不斷增加，資金市場的債權方將愈加關注該商業銀行的信用質量和風險水準，其結果可能導致該商業銀行借入資金的成本顯著上升，可獲得的融資額度明顯下降，所發行的各類有價證券迅速貶值。如果市場狀況持續惡化，最終將引起商業銀行的流動性危機，直至破產清算。如果這種流動性危機無法迅速得到有效控制反而進一步惡化，將引起連鎖反應而形成系統性風險，危及整個經濟安全。

通常，採取積極缺口管理策略的商業銀行，其缺口分析的時間序列相對短暫，特別是借助於現代化管理信息系統，大多數商業銀行重視的是四五周之後的流動性缺口分析，國際先進銀行分析和管理的精細化程度更可以提高到每一天。

(二) 久期分析法

由於利率的變化直接影響商業銀行的資產和負債價值，造成流動性狀況發生變化，因此久期分析經常被用來評估利率變化對商業銀行流動性狀況的影響。其計算公式如下：

久期缺口＝資產加權平均久期－(總負債/總資產)×負債加權平均久期

案例分析

假設商業銀行以市場價值表示的簡化資產負債表中，總資產為1,000億元，總負債為800億元，資產加權平均久期為6年，負債加權平均久期為4年，則：

久期缺口＝6－4×800/1,000＝2.8

第五章 流動性風險管理

市場風險管理中的久期缺口同樣可以用來評估利率變化對商業銀行某個時期的流動性狀況的影響：當久期缺口為正值時，如果市場利率下降，則資產價值的增加幅度比負債價值增加的幅度大，流動性隨之增強；如果市場利率上升，則資產價值減少的幅度比負債價值減少的幅度大，流動性隨之減弱。當久期缺口為負值時，如果市場利率下降，流動性隨之減弱；如果市場利率上升，流動性隨之增強。當久期缺口為零時，利率變動對商業銀行的流動性沒有影響，不過這種情況極少發生。總之，久期缺口的絕對值越大，利率變動對商業銀行的資產和負債價值的影響越大，對其流動性的影響也越顯著。

（三）資金結構法

（1）負債的流動性需求。首先將資金來源按當期被提取的可能性分為三類：一是熱錢負債，即對利率非常敏感，會在當期被提取的負債；二是敏感資金，即當期有很大一部分可能被提走的負債；三是穩定資金即核心資金，是指當期被提走的可能性很小的資金。其次對三種不同負債提取不同的流動儲備比例，如熱錢提取90%、敏感資金提取30%、穩定資金提取15%。最後計算負債流動性需求額。其公式是：

負債的流動性需求 =（熱錢負債 – 存款準備金）× 90% +（敏感資金 – 存款準備金）× 30% +（穩定資金 – 存款準備金）× 15%

（2）資產的流動性需求。銀行必須隨時準備發放優良貸款，以滿足客戶正當的貸款需求。這就要求銀行必須盡量計算出總貸款的最大可能性，並保持100%的流動準備金以彌

補實際貸款餘額與總貸款最大潛力值之間的缺口。其公式為：

資產的流動性需求＝100%×（潛在對外貸款額－實際對外貸款餘額）

（3）由上面兩個方面我們得到總的流動性需求公式：

銀行總流動性需求＝負債的流動性需求＋資產的流動性需求

第四節　流動性風險監測與控制

現代商業銀行普遍採用概率和統計的分析方法，監測和控制流動性風險，並且結合壓力測試和情景分析等多種方法，對未來特定時段的流動性可能出現的變化進行更加深入、準確的分析和判斷，以最大限度地降低流動性風險的損失。

一、流動性風險預警

流動性風險在發生之前，通常會表現為各種內、外部指標/信號的明顯變化。

（1）內部指標/信號主要包括商業銀行內部的有關風險水準、盈利能力和資產質量，及其他可能對流動性產生中長期影響的指標變化。比如，資產或者負債過於集中、資產質量下降、盈利水準下降等。

（2）外部指標/信號主要包括第三方評級、所發行的有價證券的市場表現等指標變化。例如，市場上出現關於商業

銀行的負面傳言、外部評級下降、所發行股票價格下跌、客戶大量求證不利於該商業銀行的傳言等。

（3）融資指標/信號主要包括銀行的負債穩定性和融資能力的變化。負債的穩定性，主要是存款的穩定性。存款大量流失或者「存款搬家」很容易導致流動性減弱。

及時、有效地監測上述預警指標/信號，有利於商業銀行及時糾正錯誤，並適時採取正確的風險控制方法。

二、壓力測試

商業銀行流動性管理應通過壓力測試分析銀行承受壓力事件的能力，考慮並預防未來可能的流動性危機，以提高在流動性壓力情況下履行其支付義務的能力。商業銀行實施壓力測試的頻率應與其規模、風險水準及在市場上的影響相適應，但至少每季度應進行一次常規壓力測試。在出現市場劇烈波動等情況或在銀監會要求下，應針對特定壓力情景進行臨時性、專門性壓力測試。商業銀行壓力測試應在並表基礎上分幣種實施，並應針對流動性轉移受限等特殊情況對有關地區分行或子行單獨實施壓力測試。

商業銀行應針對單個機構和整個市場設定不同的壓力情景。商業銀行可結合本身業務特點、複雜程度，針對流動性風險集中的產品、業務和機構設定壓力情景。壓力情景的假設條件主要包括：流動性資產價值的侵蝕；零售存款的大量流失；批發性融資來源的可獲得性下降；融資期限縮短和融資成本提高；交易對手要求追加保證金或擔保；交易對手的可交易額減少或總交易對手減少；主要交易對手違約或破

產；表外業務、複雜產品和交易、超出合約義務的隱性支持對流動性的損耗；信用評級下調或聲譽風險上升；母行或子行、分行出現流動性危機的影響；多個市場突然出現流動性枯竭；外匯可兌換性以及進入外匯市場融資的限制；中央銀行融資渠道的變化；銀行支付結算系統突然崩潰。

商業銀行壓力測試應遵循審慎原則，充分考慮各類風險與流動性風險的內在關聯性，深入分析假設情景對其他流動性風險要素的影響及其作用。商業銀行壓力測試應充分反應融資流動性風險與市場流動性風險的高度相關性。必要時，商業銀行應針對相關假設情景發生後各風險要素的相互作用實施多輪壓力測試。商業銀行壓力測試應基於專業判斷，並在可能情況下，對以往影響銀行或市場的類似流動性危機情景進行回溯分析。所有壓力測試情景、條件假設、結果和回溯分析應有書面記錄，對於選擇情景、條件假設的基本原則及理由應有詳細說明，並報董事會或經其授權機構審核確認，確保董事會或經其授權機構對壓力測試的局限性有充分的瞭解。

壓力測試結果應廣泛應用於董事會、高級管理層的各類決策過程，主要包括風險承受能力、風險限額、戰略發展計劃、資本計劃和流動性計劃的制訂。商業銀行應根據壓力測試結果及時調整資產負債結構，持有充足的高質量流動性資產以緩衝流動性風險，建立有效的應急計劃。

商業銀行應明確設立自身事件引發流動性危機情況下抵禦危機的最短生存期，最短不低於一個月，並採取有效措施維持該最短時間內融資能力，確保在不同壓力情況下最短生

第五章 流動性風險管理

存期內現金淨流量為正值。

三、情景分析

對商業銀行可能出現的各種情景進行保守的估計，有助於減少流動性缺口分析偏差。通常，商業銀行的流動性需求分析可分為三種情景，在每種情境下，商業銀行應盡可能考慮到任何可能出現的有利或不利的重大流動性變化。

（1）正常狀況是指商業銀行在日常經營過程中，與資產負債相關的現金流量的正常變動。分析商業銀行正常狀況下的現金流量變化，有助於強化商業銀行存款管理並充分利用其他債務市場，以避免在某一時刻面臨過高的資金需求，也因此降低了市場衝擊或對其經營狀況的疑慮等臨時性問題對負債規模和期限的影響。

（2）自身問題造成的流動性危機。實際上，絕大多數嚴重的流動性危機都源於商業銀行自身管理或技術上（公司治理或者內控體系）存在一些致命的薄弱環節。例如，由於內部控制方面的漏洞，很多金融機構在衍生產品交易中遭受巨額損失，而且短期內難以籌措足夠的資金平倉，出現了嚴重的流動性危機，甚至破產倒閉。因此，有必要對商業銀行自身問題所造成的流動性危機做好充分準備。

（3）某種形式的整體市場危機，即在一個或多個市場，所有商業銀行的流動性都受到不同程度的影響。在這種情況下最重要的假設：市場對風險的信用評級特別重視，商業銀行之間以及各類金融機構之間的融資能力的差距會有所擴大。在市場形勢發生惡化，市場流動性普遍收緊的情況下，

一些風險信用等級比較高的、聲譽比較強的商業銀行，可能從中受益；而另一些差一點的商業銀行，可能就會受損。不確定性是不可避免的，這時商業銀行應該採取一種審慎的態度，在分析現金流入時，應該採取一個較晚的日期；而在分析現金流出的時候，採用較早的日期。

整體市場危機和自身的危機可能出現的情景存在很大區別：商業銀行自身出現危機的時候，它的資產變現能力會下降。而如果在自身出現危機的同時，市場普遍收緊，市場總體出現危機，這時它自身的變現能力會下降得更快。但是在市場發生一些惡性或不良變動的時候，不同的銀行或金融機構所遭受的風險是不一樣的。享有極高聲譽和風險控制能力強的銀行會從中受益，因此，商業銀行應該盡量提高自身聲譽。

四、內部控制

商業銀行應制定適當的內部控制制度以確保流動性風險管理程序的完整和有效。有效的流動性風險管理內部控制體系應至少包括以下內容：良好的內部控制環境；充分的程序以識別、計量、監測和評估流動性風險；完善的信息管理系統；根據業務發展和市場變化適時更新有關政策和程序。

商業銀行應針對流動性風險管理建立明確的內部評價考核機制，將各分支機構或主要業務產品線形成的流動性風險與其收益掛勾，從而有效地防範因過度追求短期內業務擴張和會計利潤而放鬆對流動性風險的控制。條件成熟的銀行可將流動性風險納入內部轉移定價機制。

第五章　流動性風險管理

　　商業銀行在引入新產品、新技術手段,建立新機構、新業務部門前,應在可行性研究中充分評估其對流動性風險產生的影響,並制定相應的風險管理措施,完善內部控制和信息管理系統。引入並運行後,應加強日常監測,定期評估相應措施的有效性,並根據需要及時進行調整。

　　商業銀行應將流動性風險管理納入內部審計的範疇,定期審查和評價流動性風險管理體系的充分性和有效性。內部審計應涵蓋流動性風險管理的所有環節,主要包括以下內容:相關的管理體系、內部控制制度和實施程序是否足以識別、計量、監測和控制流動性風險;有關流動性風險管理的信息系統是否完善;有關流動性風險控制的風險限額是否適當;進行現金流量分析和壓力測試的基本假設是否適當;有關流動性風險管理的信息報告是否準確、及時、有效;是否嚴格執行既定的流動性風險管理政策和程序。內審人員應具有獨立性,並掌握必要的專業知識和技能以確保對流動性風險管理體系實施獨立、充分、有效的審計。內部審計結果應直接報告董事會,並根據有關規定及時報告監管部門。董事會應根據內部審計的結果,及時調整和完善有關流動性風險管理的政策和程序,並督促高級管理層針對內部審計發現的問題採取及時有效的整改措施。內部審計部門應適時對整改措施的實施情況進行後續審計,並及時向董事會提交審計報告。

五、應急計劃

　　商業銀行應根據本行業務規模、複雜程度、風險水準和

組織框架等制訂應急計劃，並根據經營和現金流量管理情況設定並監控銀行內外部流動性預警指標以分析銀行所面臨的潛在流動性風險。

商業銀行應按照正常市場條件和壓力條件分別制訂流動性應急計劃，應涵蓋銀行流動性發生臨時性和長期性危機的情況，並預設觸發條件及實施程序。應急計劃至少應包括一種銀行本身評級降至「非投資級別」的極端情況。應急計劃應說明在這種情形下銀行如何優化融資渠道和出售資產以減少融資需求。設定的情形主要包括：流動性臨時中斷，如突然發生運作故障、電子支付系統出現問題或者物理上的緊急情況使銀行產生短期融資需求；流動性長期變化，如因銀行評級調整而產生的流動性問題；當母行出現流動性危機時，防止流動性風險傳遞的應對措施；市場大幅震盪，流動性枯竭，交易對手減少或交易對手可融資金額大幅減少、融資成本快速上升。

商業銀行應急計劃應包括資產方流動性管理策略和負債方流動性管理策略。

（1）資產方流動性管理策略主要包括：變現多餘貨幣市場資產；出售原定持有到期的證券；出售長期資產、固定資產或某些業務產品線（機構）；在相關貸款文件中加入專門條款以便提前收回或出售、轉讓流動性較低的資產。

（2）負債方融資管理策略主要包括：將本行與集團內關聯企業融資策略合併考慮；建立融資總體定價策略；制定利用非傳統融資渠道的策略；制定零售和批發客戶提前支取和解約政策；使用中央銀行信貸便利政策。

第五章　流動性風險管理

　　銀行間同業拆借市場是商業銀行獲取短期資金的重要渠道。商業銀行應根據經驗評估融資能力，關注自身的信用評級狀況，定期測試自身在市場借取資金的能力，並將每日及每週的融資需求限制在該能力範圍以內，防範交易對手因違約或違反重大的不利條款要求提前償還借款的風險。

　　商業銀行應急計劃應區分集團層次和附屬機構層次，並可根據需要針對主要幣種和全球主要區域制訂專門的應急計劃。如果某些國家或地區法律法規有限制，使得銀行集中實施流動性管理不可操作，則在上述國家或地區的分支機構應制訂專門的應急計劃。商業銀行高級管理層應定期向董事會報告流動性風險情況和應急計劃。必要情況下，應由董事會成員領導並負責應急計劃的制訂和實施。商業銀行應根據風險管理需要，及時對應急計劃進行評估和修訂，評估修訂工作至少每年進行一次。商業銀行應不定期對應急計劃進行演習，以確保各項計劃措施在緊急情況下能夠順利實施。

第六章 其他風險管理

商業銀行除了存在信用風險、市場風險、操作風險和流動性風險等主要風險之外，還存在聲譽風險、戰略風險、國家風險和法律風險等其他風險。本章主要介紹聲譽風險和戰略風險兩個與商業銀行有直接關係的風險。聲譽風險和戰略風險管理所涉及的內容十分廣泛，對中國商業銀行來說尚屬於全新的風險管理範疇。

第一節 聲譽風險管理

聲譽風險是指由商業銀行經營、管理及其他行為或外部事件導致利益相關方對商業銀行負面評價的風險，是商業銀行全面風險管理的必要組成部分。將聲譽風險納入商業銀行全面風險管理框架，是商業銀行適應新時期市場變化的需要，是督促商業銀行傾聽金融服務消費者呼聲、提供更好金融服務的需要，更是銀監會加強審慎有效監管的重要組成部分。良好的聲譽是一家銀行多年發展累積的重要資源，是銀行的生存之本，是維護良好的投資者關係、客戶關係以及信貸關係等諸多重要關係的保證。良好的聲譽風險管理對增強競爭優勢、提升商業銀行的盈利能力和實現長期戰略目標起著不可忽視的作用。

第六章　其他風險管理

　　國際監管機構對聲譽風險的認識經歷了逐步深入的過程。1997年《巴塞爾新資本協議》將聲譽風險作為市場約束的組成部分，2009年1月，巴塞爾銀行監管委員會新資本協議徵求意見稿中明確將聲譽風險列入第二支柱，指出銀行應將聲譽風險納入其風險管理流程中，並在內部資本充足評估和流動性應急預案中適當涵蓋聲譽風險。美國金融監管部門將聲譽作為風險監管的重要組成部分，要求監管人員有效評估銀行聲譽狀況，並指出聲譽風險是監管者在風險評估中必須考慮的基本指標。英國、加拿大金融監管部門以及中國香港特別行政區的香港金管局也要求金融機構將聲譽風險管理作為有效風險管理架構的重要組成部分。

一、聲譽風險管理的內容

　　商業銀行一旦被發現其金融產品或服務存在嚴重缺陷，或內控缺失導致違規案件層出不窮，或缺乏經營特色和社會責任感，那麼即便花費大量時間和金錢用於事後危機處理，也難以彌補對商業銀行聲譽的實質性損害。在激烈競爭的市場條件下，這些損害有可能是長期的，甚至是致命的。商業銀行只有從整體層面認真規劃聲譽風險管理，制定明確的營運規範、行為方式和道德標準，才能有效降低風險。

　　有效的聲譽風險管理體系應重點突出以下內容：明確商業銀行的戰略願景和價值理念；有明確記載的聲譽風險管理政策和流程；深入理解不同利益相關者對自身的期望值；培養開放、互信、互助的機構文化；建立強大的、動態的風險管理系統；建立學習型組織，出現問題及時糾正；建立公平

的獎懲機制，支持發展目標和股東價值的實現；利用自身的價值理念、道德規劃影響合作夥伴、供應商和客戶；建立公開、誠懇的內外部交流機制，盡量滿足不同利益相關者的要求；有明確記載的危機處理/決策流程。

建立良好的聲譽風險管理體系，有利於維持客戶的信任度和忠誠度，創造有利的資金使用環境，增進和投資者的關係，強化自身的可信度和利益相關者的信心，吸引高質量客戶，增強自身競爭力，最大限度地減少訴訟威脅和外界監管要求。

二、聲譽風險管理的基本做法

商業銀行應將聲譽風險管理納入公司治理及全面風險管理體系，建立和制定聲譽風險管理機制、辦法、相關制度和要求，主動、有效地防範聲譽風險和應對聲譽事件，最大限度地減少對社會公眾造成的損失和負面影響。

（一）明確董事會的職責

商業銀行董事會應制定與本行戰略目標一致且適用於全行的聲譽風險管理政策，建立全行聲譽風險管理體系，監控全行聲譽風險管理的總體狀況和有效性，承擔聲譽風險管理的最終責任。其主要職責包括：

（1）審批及檢查高級管理層有關聲譽風險管理的職責、權限和報告路徑，確保其採取必要措施，持續、有效監測、控制和報告聲譽風險，及時應對聲譽事件。

（2）授權專門部門或團隊負責全行聲譽風險管理，配備與本行業務性質、規模和複雜程度相適應的聲譽風險管理

資源。

(3) 明確本行各部門在聲譽風險管理中的職責，確保其執行聲譽風險管理制度和措施。

(4) 確保本行制訂相應培訓計劃，使全行員工接受相關領域知識培訓，知悉聲譽風險管理的重要性，主動維護銀行的良好聲譽。

(5) 培育全行聲譽風險管理文化，樹立員工聲譽風險意識。

(二) 建立聲譽風險管理流程

聲譽風險產生的原因非常複雜，有可能是商業銀行內、外部風險因素綜合作用的結果，也可能是非常簡單的風險因素就觸發了嚴重的聲譽風險。如果商業銀行不能恰當地處理這些風險因素，就可能引發外界的不利反應。商業銀行一旦被發現其金融產品或服務存在嚴重缺陷、內控不力導致違規案件層出不窮等，則即便花費大量的時間和精力用於事後的危機管理，也難於彌補對銀行聲譽造成的實質性損害。一家操作風險事件頻發的銀行，會給公眾一種內部管理混亂、管理層素質低、缺乏誠信和責任感的不良印象，致使公眾特別是客戶對銀行的信任程度降低，銀行的工作職位對優秀人才失去吸引力，原有的人才大量流失，股東們因對銀行發展前景失去信心，對長期持有銀行股票產生懷疑，進而在資本市場上大量拋售股票造成股價下跌，銀行市值縮水，最終導致監管當局的嚴厲監管等。

1. 聲譽風險事件的識別

聲譽風險可能產生於商業銀行經營管理的任何環節，與

信用、市場、操作和流動性風險等交叉存在、相互作用。例如，內部負債或違法行為可能同時造成操作風險、法律風險和聲譽風險損失。識別聲譽風險的關鍵在於判斷其他類型風險是否會演變為聲譽風險，以及重大利益關聯方的聲譽風險事件是否會波及本行。重點關注以下聲譽風險驅動因素：

（1）業務、產品運行中可能引發聲譽風險的因素。

（2）內部組織機構和人事變化、政策制度變化、財務指標變動、系統調整等可能存在的聲譽風險因素。

（3）新聞媒體報導、網絡輿情變化、內外部審計報告和監管部門合規檢查報告等暴露出來的聲譽風險因素。

2. 聲譽風險事件的評估

商業銀行聲譽風險管理崗位專職或兼職人員對識別出的聲譽風險事件進行評估，遵循「從高從嚴」的原則，按照性質、嚴重程度、可控性、影響範圍和緊急程度，將聲譽風險事件劃分為三級：

（1）Ⅰ級（特別重大聲譽風險事件），即給商業銀行聲譽帶來或可能帶來重大損害的聲譽風險事件，對商業銀行經營戰略、發展方向、經濟利益、運行安全、競爭優勢和高管人員產生嚴重影響，引發市場猜測，並給商業銀行帶來損失。

（2）Ⅱ級（重大聲譽風險事件），即對商業銀行經營管理、業務發展、形象信譽產生較大影響的聲譽風險事件。

（3）Ⅲ級（一般聲譽風險事件），即對商業銀行日常業務產生一定影響的聲譽風險事件。

3. 聲譽風險的監測和報告

商業銀行聲譽風險管理崗位工作人員應每日監測互聯

網、廣播、報刊等各類媒體的報導動態，在各類媒體中盡可能多地搜集關於銀行業、本行及重要業務開展的信息情況，並對信息進行分類整理，分析和研究其中可能出現的新聞危機苗頭，特別要注意行業的政策變化和本行的經營活動變化可能會給哪些人帶來利益損失。同時，聲譽風險管理部門應當仔細分析和監測所搜集到的意見/評論，通過有效的報告和反應系統，及時將利益相關者對商業銀行正面和負面的評價或行動、所有的溝通記錄和結果，以及商業銀行所應當採取的應對措施，經過適當整理後，及時匯報給董事會和高級管理層，由最高管理層制定最終的應對方案。

4. 聲譽風險事件的處置

前移聲譽風險事件處理的關口，重點做好危機防範。增強新聞信息的敏感性，及時發現危機苗頭，果斷有效地進行處置。督促協調有關部門糾正管理和服務上的漏洞和不足，從源頭上防範危機的產生和蔓延。解決聲譽風險事件的做法主要包括：

（1）識別聲譽風險事件的先兆，通過監測預警體系的有效運行，為處置事件贏得時間。

（2）掌控聲譽風險事件的發展態勢，正確判斷事件的發展方向。

（3）制定聲譽風險事件處置方案，設定清晰準確的目標、總體策略和時間表。

（4）迅速有效地執行聲譽風險事件處置方案，嚴格統一對外口徑和發布渠道，選擇適當的形式披露有利於緩釋風險的信息。

（5）及時對聲譽風險事件處置進行總結和後評估。

（三）聲譽風險管理辦法

目前，國內外還未開發出有效的聲譽風險管理量化技術，但普遍認為有助於改善商業銀行聲譽風險管理的最佳操作實踐是：①推行全面風險管理理念，改善公司治理，並預先做好防範危機的準備；②確保各類主要風險被正確識別、優先排序，並得到有效管理。

聲譽風險管理的具體做法有：

（1）強化聲譽風險管理培訓。高度重視對員工守則和利益衝突政策的培訓，確保所有員工都能貫徹、理解商業銀行的價值理念和風險管理政策，恪守內部流程，將聲譽風險管理滲透到商業銀行的每一環節。

（2）確保實現承諾。無論對利益相關者作出何種承諾，商業銀行都必須努力兌現。如果因各種原因無法實現承諾，則必須作出明確、誠懇的解釋。

（3）確保及時處理投訴和批評。商業銀行出現問題要及時改正並正確處理投訴和批評，這有助於商業銀行提高產品和服務的質量和效率。

（4）盡量保持大多數利益相關者的期望與商業銀行的發展戰略相一致。商業銀行應對不同利益相關者的期望進行分類排序，一旦發現某些利益相關者的期望和商業銀行的未來發展相衝突時，董事會和高級管理層必須作出取捨。

（5）增強對客戶/公眾的透明度。客戶不應是產品和服務的被動接受者，商業銀行應將產品研發、未來計劃向客戶告知，並廣泛徵求意見，以提前預知和防範新產品和服務可

第六章 其他風險管理

能引發的聲譽風險。

（6）將商業銀行的社會責任感和經營目標結合起來。高級管理層應當制定詳細的企業社會責任行動方案，力爭更多地服務和回饋社會，創建更加友善的機構和人文環境，以利於更穩健、持久地實現商業戰略。

（7）保持與媒體的良好接觸。商業銀行需要通過不同媒體，定期或不定期地宣傳商業銀行的價值理念。發言人制度、首席執行官的媒體訪談以及可信賴的第三方都可以成為商業銀行在利益相關者以及公眾心目中建立積極、良好聲譽的重要媒介。

（8）制定危機管理規劃。商業銀行應當制定聲譽風險管理應急機制，並定期測試以確保危機時刻商業銀行的反應及時、恰當。對於難以評估的風險威脅，可以參照其他商業銀行的歷史情景，測試自身在同樣情況下的危機處理能力。

第二節　戰略風險管理

戰略風險管理就是基於前瞻性理念而形成的全面、預防性的風險管理方法，已得到國際上越來越多的金融機構的高度重視。

商業銀行的戰略風險管理具有雙重內涵：一是商業銀行針對政治、經濟、社會、科技等外部環境和內部可利用資源，系統識別和評估商業銀行既定的戰略目標、發展規劃和實施方案中潛在的風險，並採取科學的決策方法和風險管理措施來避免或降低可能的風險損失。二是商業銀行從長期、

戰略的高度，精心地規劃和實施信用、市場、操作、流動性以及聲譽風險管理，確保銀行健康、持久營運。

一、戰略風險管理的作用

商業銀行進行戰略風險管理的前提是接受戰略管理的基本假設：①準確預測未來風險事件的可能性是存在的；②預防工作有助於避免或減少風險事件和未來損失；③如果對未來的風險加以有效管理和利用，風險則有可能轉變為發展機會。

戰略風險管理通常被認為是一項長期性的戰略投資，實施效果需要很長時間才能顯現。實質上，商業銀行可以在短期內便體會到戰略風險管理的諸多益處：比競爭對手更早採取風險控制措施，可以更為妥善地處理風險事件；全面、系統地規劃未來發展，有助於將風險挑戰轉變為成長機會；對主要風險提早做好準備，能夠避免或減輕其可能造成的嚴重損失；避免因盈利能力出現大幅波動而導致的流動性風險；優化經濟資本配置，並降低資本使用成本；強化內部控制系統和流程；避免附加的強制性監管要求，減少法律爭議或訴訟事件。戰略風險管理強化了商業銀行對於潛在威脅的洞察力，能夠預先識別所有潛在風險以及這些風險之間的內在聯繫和相互作用，並盡量在危機真正發生之前就將其有效地遏制。

二、戰略風險管理的基本做法

（一）明確董事會和高級管理層的責任

董事會和高級管理層負責制定商業銀行的戰略風險管理

第六章　其他風險管理

原則和操作流程，並在其直接領導下，設置戰略管理/規劃部門，負責識別、評估、監測和控制戰略風險。董事會和高級管理層對戰略風險管理的結果負有最終責任。

董事會和高級管理層負責制定商業銀行最高級別的戰略規劃，並使之成為商業銀行未來發展的行動指南。雖然重大的戰略規劃優勢需要提請股東大會審議、批准，但並不意味著戰略規劃因此而保持長期不變。相反，對戰略規劃應當定期審核或修正，以適應不斷發展變化的市場環境和滿足利益相關者的要求。為了使商業銀行所有員工理解戰略規劃的內容和意義，並確保與日常工作協調一致，董事會和高級管理層制定戰略規劃時，應當首先徵詢最大多數員工的意見和建議，所有業務領域和職能部門對於競爭優勢、現存問題等方面的深入見解，都有助於戰略規劃和實施方案的制定更加符合實際情況，並減少可能對資本充足率和盈利能力造成的不利影響。在董事會和最高管理層的強力支持下，戰略規劃應當在商業銀行內部廣泛傳播、深入溝通，以爭取更多的支持和配合。

（二）戰略風險管理流程

戰略風險管理流程包括：明確戰略發展目標，制定戰略實施方案，識別、評估、監測戰略風險要素，執行風險管理方案，並定期自我評估風險管理的效果，確保商業銀行的長期戰略、短期目標、風險管理措施和可利用資源緊密聯繫在一起。

1. 戰略風險識別

與聲譽風險相似，戰略風險產生於商業銀行營運的所有

層面和環節，並與市場、信用、操作、流動性等風險交織在一起。通常，戰略風險識別可以從戰略、宏觀和微觀三個層面入手。

（1）在戰略層面，高級管理層必須全面、深入地評估商業銀行長期戰略決策中可能潛藏的戰略風險。例如，進入或退出市場、提供新產品或服務、接受或排斥合作夥伴、建立企業級風險管理信息系統等重要決策是否恰當。

（2）在宏觀層面，信用風險參數的設定、投資組合的選擇/分佈、一級市場行銷行為等涉及商業銀行當前利益的經營管理活動可能存在相當嚴重的戰略風險，並與整體戰略目標發生衝突。例如，資產投資組合中存在高風險、低收益的金融產品。

（3）在微觀層面，前臺的風險管理結果直接影響商業銀行的業績表現，因此所有行為必須被嚴格限制在相關業務崗位的操作規程之內，並要求各崗位工作人員恪守風險管理政策和指導原則。這些政策和原則可能存在一定程度的戰略風險。例如，忽視對客戶理財人員的職業技能和道德操守培訓，有可能在短期內給商業銀行帶來爭議和法律訴訟，長期則可能喪失寶貴的客戶資源。

具體而言，商業銀行所面臨的戰略風險可以細分為：

（1）產業風險。中國金融業開放後，商業銀行之間競爭更加激烈，將不可避免地出現收益下降、產品或服務成本增加、產品或服務過剩的現象。

（2）技術風險。現代商業銀行管理必須依賴先進的信息系統來作為支持，特別是風險管理信息系統的技術含量更

第六章　其他風險管理

高，對風險管理人員的要求更加全面，信息系統的安全性也很重要。商業銀行必須保證所採用的信息系統具有高度的適用性、安全性和前瞻性，以避免因技術保障或系統局限性造成的經濟損失。

（3）品牌風險。激烈的行業競爭必然造成優勝劣汰，產品或服務的品牌管理直接影響了商業銀行的盈利能力和發展空間。特別是高度依賴公眾信息而生存的商業銀行，如果缺乏獨特的品牌形象和吸引力，將可能遭遇嚴重的生存危機。

（4）競爭對手風險。商業銀行需要與越來越多的非商業銀行競爭零售和企業客戶。強大的壓力迫使商業銀行積極推出新的金融產品和服務、強化行銷渠道管理，以及提高研究開發的成本收益率。

（5）客戶風險。經濟發展及市場環境變化必然導致商業銀行的客戶偏好逐漸發生轉移，客戶維權意識和議價能力也日益增強。商業銀行如果不能根據客戶需求的改變而創造需求，則有可能喪失寶貴的客戶資源。而且如果商業銀行的核心業務集中在少數客戶或產業上，將可能遭受巨大的風險損失。

（6）項目風險。商業銀行同樣面臨諸如產品研發失敗、技術開發失敗、進入新市場失敗以及兼併收購失敗等風險，與之相關的決策錯誤可能造成嚴重的經濟損失，甚至令商業銀行一蹶不振。

（7）其他例如財務、營運以及多種外部風險因素，都可能會對商業銀行的管理質量、競爭能力和可持續發展造成威脅。

正確識別上述戰略風險因素，有助於商業銀行由被動防守轉變為主動出擊，通過積極採取新產品或服務研發和需求創新等戰略性措施，提高盈利能力和競爭能力。

2. 戰略風險評估

戰略風險是無形的，因此難以量化。在評估戰略風險時，應當首先由商業銀行內部具有豐富經驗的專家負責審核一些技術性較強的假設條件，例如整體經濟指標、利率變化/預期、信用風險參數等；然後由戰略管理/規劃部門對各種戰略風險因素的影響效果和發生的可能性做出評估，據此進行優先排序並制定恰當的戰略實施方案（見表6-1）。

表6-1　　　　　戰略風險評估及實施方案

風險影響	戰略實施方案		
顯著	採取必要的管理措施	必須採取管理措施、密切關注	盡量避免或高度重視
中度	可接受風險、持續監測	應當採取管理措施	必須採取管理措施
輕微	接受風險	可接受風險、持續監測	採取管理措施、持續監測
風險發生的可能性	低	中	高

3. 監測和報告

商業銀行通常採取定期自我評價的方法，來檢驗戰略風險管理是否有效實施。戰略管理部門對評估結果的連續性和波動性進行長期、深入、系統化的分析和監測，非常有利於商業銀行清醒地認識市場變化、營運狀況的改變以及各業務

第六章 其他風險管理

領域為實現整體經營目標所承受的風險。董事會和高級管理層應當定期審視和討論戰略風險分析監測報告，對未來戰略規劃和實施方案進行調整。內部審計部門應當定期審核商業銀行的戰略風險戰略管理流程。

（三）恰當的戰略風險管理方法

有效的戰略風險管理應當定期採取從上至下的方式，全面評估商業銀行的願景、短期目的以及長期目標，據此制定切實可行的實施方案，並體現在商業銀行的日常風險管理活動中。

商業銀行戰略風險管理的最有效方法是制定以風險為導向的戰略規劃和實施方案，並深入貫徹在日常經營管理活動中。

首先，戰略規劃應當清晰闡述實施方案中所涉及的風險因素、潛在收益以及可以接受的風險水準，並且盡可能地將預期風險損失和財務分析包含在內。例如，在信用卡業務擴展規劃中，應當認真評估預期收入增長率、當前市場持續發展能力、人力資源/技術設備要求、業務擴展所產生的信用風險規模等基本假設條件。經過評估並具有較高可信度的假設，可以應用於戰略實施方案中的風險評估，並針對風險敞口的規模提出適當的控制方案。

其次，戰略規劃必須建立在商業銀行當前的實際情況和未來的發展潛力基礎之上，反應商業銀行的經營特色。例如，大型商業銀行普遍擅長零售業務，有能力將更多資源和技術持續投入到大規模零售業務系統中；小型商業銀行則可以在某些專業領域採取先進的信息系統或與第三方合作，在

細分業務領域與大型商業銀行展開競爭，或利用地域、專業優勢，服務於要求相對複雜的企業/零售客戶，其利潤率往往明顯高於普通零售客戶。不同規模的商業銀行只有通過全面、細緻的戰略規劃，才能進行清晰的市場定位，創建特色產品或服務，在相對強勢的業務領域保持競爭優勢，最終實現長期戰略發展目標。

　　最後，戰略規劃應當從戰略層面開始，深入貫徹並落實到宏觀和微觀操作層面。在商業銀行內部，不同業務領域和某些員工有時對遵守風險管理政策和原則並按照流程處理業務持消極態度，甚至認為風險管理是人為地設置障礙或形同虛設。如果商業銀行的所有員工都能積極參與到風險管理的戰略規劃中，將有利於加深員工對風險管理重要性的認識，使風險管理和控制流程更容易貫徹和執行。

　　戰略風險管理的另一重要工具是經濟資本配置。利用經濟資本配置，可以有效地控制每個業務領域所承受的風險規模。商業銀行應當參照各業務部門的經過風險調整的收益率，審核和批准業務計劃以及相應的資本分配方案。

第七章 風險管理文化

近年來,依據《巴塞爾新資本協議》的嚴格風險準則,中國商業銀行逐步確立了「全球的風險管理體系、全面的風險管理範圍、全員的風險管理文化、全程的風險管理過程、全新的風險管理方法和全額的風險計量」的全面風險管理戰略,並付諸實踐,取得了較好的效果,全面風險管理基本框架已現雛形。然而,中國風險管理文化建設相對滯後,全面風險管理對商業銀行可持續性發展和實現經營價值最大化的支持效能無法充分發揮。同時,美國次貸危機引發了全球金融危機,使得全球經濟陷入經濟衰退的窘境,中國商業銀行正面臨著更多、更為複雜的風險,風險管理形勢嚴峻,風險管理文化建設要求更加迫切。

一、風險管理文化的內涵

風險管理文化是指以銀行企業文化為背景,貫穿以人為本的經營理念,在經營管理和風險管理活動過程中逐步形成,並為廣大員工認同和自覺遵守的風險管理理念、風險價值觀念和風險管理行為規範。風險管理文化是一種集現代商業銀行經營思想、風險管理理念、風險管理行為、風險管理道德標準與風險管理環境等要素於一體的文化理念,是商業銀行企業文化的重要組成部分。風險管理文化一般由風險管

理理念、知識和制度三個層次組成，其中風險管理理念是風險管理文化的精神核心，也是風險管理文化中最為重要和最高層次的因素，比起知識和制度來，它對員工的行為具有更直接和長效的影響力。

風險管理文化是銀行風險管理活動的凝練和昇華，是得到員工認同並自覺遵循的價值觀念和行為準則。風險管理文化既強調精確的技術處理，又強調深刻的人文觀念。它決定了商業銀行在風險管理上的價值取向、行為規範和道德水準，對商業銀行風險管理有著重要的影響。

二、風險管理文化的作用

（1）風險管理文化是全面風險管理體系的靈魂。隨著體制改革和業務拓展，中國商業銀行面臨的風險將是集市場風險、信用風險、操作風險為一體的綜合性風險，而經濟金融全球化以及日益激烈的金融市場競爭對現代商業銀行風險管理也提出了更高的要求。這就要求各商業銀行必須構建全面風險管理體系，而全面風險管理體系建設必須以先進風險管理文化培育為先導。通過風險管理文化把風險管理的責任和意識擴散到每個業務部門和每個業務環節，並內化為員工的職業態度和工作習慣，最大限度地發揮員工在風險管理方面的主動性、積極性和創造性，才能使全面風險管理體系有效地發揮作用，才能使政策和制度得以貫徹落實，從而持續提升商業銀行的風險管理水準和經營效率。

（2）風險管理文化是銀行發展的巨大推動力。風險管理文化決定商業銀行經營管理過程的風險管理觀念和行為方

第七章　風險管理文化

式,在商業銀行經營管理中佔有十分重要的地位。一家銀行倡導的文化,決定了這家銀行在市場上能夠走多遠。銀行採取什麼樣的業務發展戰略,風險偏好,部門之間的業務關係是否順暢,不同部門、不同層次的銀行工作人員是否能夠在重大的風險問題上達成基本的共識,規章制度是否充分合理並得到貫徹執行,出現了例外情況如何處理,這些問題都能體現銀行的風險管理文化。因此,搞好風險管理文化建設是銀行治行之本、動力之源、持續發展之基。只有培育良好的風險管理文化,把風險管理理念貫穿於銀行業務的整個流程,使風險管理由高深、抽象的理論變為現實、生動的企業文化,才能使銀行的經營目標和風險機制得以有效實現,在效益增長的同時把風險約束在可承受的範圍之內。

(3) 風險管理文化是銀行保持持久競爭優勢和經營價值最大化的堅實基礎。風險管理文化是商業銀行內部控制體系中的「軟因素」,先進的風險管理文化和經營管理理念不是有形的規定,而是準確理解《巴塞爾新資本協議》監管要求,強化資本約束的理念,從而把風險管理作為商業銀行經營管理的第一要務,依託於對風險全面而有效的管理來實現銀行經營價值的最大化和保持持久競爭優勢。將良好的風險管理文化作為企業文化的重要組成部分,作為企業文化與商業銀行經營管理的最佳結合點之一,使商業銀行走以內涵式為主的發展道路,以規範求發展,統籌速度、質量、效益和結構,真正實現四者的長期、有機統一。

(4) 風險管理文化是銀行增強凝聚力和向心力的有力武器。先進的風險管理文化是促進企業進步與發展的內在動

力，它能使絕大多數銀行員工具有正確的價值取向，從而易於對銀行各項重大決策取得共識，激發使命感和責任感。先進的風險管理文化能培育職業道德，促使員工在深化企業改革、利益關係調整等變動中，正確妥善處理公與私的關係，能鞏固和發展團結向上、協調穩定的群體關係。先進的風險管理文化在銀行整個實踐活動中界定員工的思想道德、情操和行為準則，激勵員工自覺地按照企業總體水準、統一標準來規範自己的言行，強化員工的創業、敬業精神，為促進銀行持續、協調、有效、和諧發展而勤奮工作。

三、構建先進的風險管理文化

（一）構建風險管理文化的三個層次

根據企業文化和管理學的理論，作為銀行企業文化重要子系統的風險管理文化應由理念文化、行為文化和物質文化三個層次組成。理念文化是核心，行為文化和物質文化是理念文化的保證和表現形式，三者有機結合，共同組成銀行風險管理文化的全部內涵。通過三個層次的建設，形成理念科學、制度完善、「三位一體」的健康全面的風險管理文化。

1. 風險管理理念文化

風險管理理念文化又叫風險管理精神文化，相對於風險管理行為文化和物質文化，它處於整個風險管理文化的最深層，並成為風險管理文化的靈魂和核心。

從內涵上講，風險管理理念文化是指銀行在長期發展過程中形成的，全體成員統一於風險管理方向上的思想觀念、價值標準、道德規範和風險理論成果的總和。它是商業銀行

第七章　風險管理文化

風險管理行為文化與物質文化、制度文化的一種總結與昇華，是商業銀行風險文化中最有活力、最有生命力、最有創造力的核心部分，是銀行風險管理的思想上層建築，即銀行風險意識形態的總和。

從外延上講，風險管理的理念文化包括：商業銀行風險精神、商業銀行風險價值觀、商業銀行風險控制觀、商業銀行風險管理觀以及理論化、體系化的商業銀行風險管理學。

從國際一流商業銀行的實踐看，風險管理有三個基本理念：

（1）平衡風險與收益的理念。風險與收益是一枚硬幣的兩面，風險本身就是事物的客觀存在，既有損失的可能，也是盈利的來源。一般來說，風險與收益成正比，銀行業務的性質決定了在獲取利潤時必須承擔風險。商業銀行風險管理的目標不是消除風險，而是通過主動的風險管理過程實現風險與收益的平衡。要注重風險和收益的平衡關係，敢於承擔與預期收益相平衡的風險，通過有效識別、度量、監測和控制風險，追求盈利機會，形成對銀行業務過度擴張的有效制約，促使商業銀行良性、可持續發展。

（2）全面風險管理的理念。銀行損失不再是由單一風險造成的，而是由信用風險、市場風險、操作風險等聯合造成的，對風險的管理也應該是全範圍、全過程、全員化的管理。全範圍的管理就是要將信用風險、市場風險和操作性風險等不同類型的風險，資產業務、負債業務和中間業務等不同業務的風險，公司、零售、金融機構等不同客戶的風險，都納入統一的風險管理範圍。全過程的管理就是風險管理應

貫穿於業務發展的每一個過程，哪一個環節缺少風險管理，都有可能出現損失，甚至導致整個業務活動失敗。風險管理必須實現過程控制，前移風險管理關口。全員的管理就是風險管理是每一個銀行員工的責任，無論是董事會還是管理層，無論是風險管理部門還是業務拓展部門、後勤保障部門，每個崗位、每個人在做每項業務時都要考慮風險因素。

（3）邊界管理的理念。風險邊界管理就是要把握風險的度，守住那些危險地帶，插上「標籤」，業務運作不能越過這些邊界，確保銀行的平穩安全運行。銀行計算經濟資本占用帶來的成本，並依據經濟資本計算行業、區域和客戶的風險限額，對限額實施指令性或指導性管理，風險限額實際上也就是銀行的風險邊界。

此外，國際一流商業銀行的先進風險管理理念還包括：風險管理是商業銀行的核心競爭力，是創造資本增值和股東回報的重要手段；風險管理戰略應該納入商業銀行整體戰略之中，並服務於業務發展戰略；商業銀行應該充分瞭解所有風險，建立和完善風險控制機制，對於不瞭解或無把握控制風險的業務，應該採取審慎的態度。

國內商業銀行應對本行多年累積的風險管理理念進行提煉，借鑑國際先進風險管理理念，構建前、中、後臺相一致的風險管理理念文化，用正確的風險理念引導全行員工，形成風險管理促進業務發展、業務發展贏得合理回報的良性循環。

2. 風險管理行為文化

如果把風險管理理念文化比喻成風險管理文化的靈魂，

第七章 風險管理文化

那麼風險管理行為文化就是靈魂的載體。在一個文化系統中,理念文化必須也必然要發揮靈魂、核心作用,從而滲透到行為文化和物質文化之中。而理念文化的滲透、指導、調整作用,必須有一個邏輯秩序和相應的行為活動,這就是首先通過行為文化的層面或環節發生。風險管理行為文化,一般包括風險管理的組織架構、制度規範和人的行為表現等。

在建立起現代企業制度的銀行裡,風險管理的組織架構是一個上下貫通、橫向密切相連的網絡,主要由股東大會、董事會及其專門委員會、監事會、高級管理層、風險管理部門以及財務控制部門、內部審計部門、法律合規部門等其他部門構成,在全系統內逐步建立起風險管理的垂直體系,獨立運作,實現與業務經營的並行管理。

商業銀行風險管理的制度規範,是指銀行對經營活動中可能出現的各種風險進行預防和控制的一整套制度安排,包括內控機制和激勵機制。在風險制度文化建設的過程中,首先要明確各項制度的適用範圍和執行效力高低順序;其次要針對各個環節和階段,建立全過程管理,形成固有的流程和權限;最後,在此基礎上,完善信息收集和傳導反饋機制,並且進行週期性評審、梳理、清理和修訂制度,保證制度持續有效。

行為表現一般是指人們進行某種活動的具體行為、具體操作中表現出來的穩定的行為習慣、行為規範、行為風格、行為風尚。它獨立於風險管理理念文化和組織架構、制度規範,但又不可分割,因為人的行為總是在某種觀念和環境支配、影響下形成、實施的。風險管理的行為風尚:遵紀守

法、誠信敬業，兩者內在一致，共同構成了對行為表現的基本要求。

培育風險管理文化要求商業銀行牢牢抓住行為文化建設這一重要層面，構建具有商業銀行特色的風險管理機制，讓科學的風險管理理念引導制度建設，完善風險管理組織架構，並通過人的行為表現來發揚和發展風險管理理念。

3. 風險管理物質文化

風險管理物質文化，廣義上包括兩個重要組成部分：一是知識層面，即商業銀行在風險管理過程中形成的技術和藝術，它包括銀行對各種風險的評估能力、辨識能力、在風險收益上的權衡藝術以及對風險管理模型的開發與運用技巧；二是實物層面，即通過商業銀行風險管理形成的安全的經營與管理產品、設施、設備和空間環境以及配套的各種物質保障手段等。狹義上，僅指風險管理的知識層面。

目前，中國商業銀行風險管理物質文化在知識層面和實物層面均與國際先進銀行相比有較大差距。前者主要表現為注重定性分析，主觀性較強，定量分析技術缺乏，技術方法落後，技術和工具缺乏等。缺乏精確的度量，就很難對風險做出準確的甄別並對項目做出正確評估，這直接影響了銀行風險管理的決策科學性，也降低了風險管理的透明度。後者主要表現為銀行經營的產品缺乏定期風險評估、風險緩釋功能不足，服務手段沒有完全貼近市場需求，風險管理的信息系統和監控設施不完善且技術支持力度不夠，經營環境缺乏鮮明和統一的文化特徵等。商業銀行經營的產品、提供的服務是商業銀行經營管理的基本成果，商業銀行經營環境是展

第七章　風險管理文化

現風險管理文化的主要窗口,而風險管理信息系統、監控設施等硬件設備是風險管理高效運作的重要保障,實物層面的文化缺乏,不但使全面風險管理體系難以發揮作用,而且會對銀行經營形象和聲譽產生不利影響。

中國商業銀行建設風險管理物質文化主要應從以下幾個方面入手:優化貸款風險監測和控制手段,吸收、借鑑國際一流商業銀行風險管理技術和方法;加強風險管理信息化建設,搭建符合風險管理要求的信息科技平臺,建立透明高效的風險信息報告體系;研究系統、科學的資產風險量化和評級技術,從主要依賴主觀判斷向積極引入現代風險管理方法、模型和技術轉變;建立產品定期風險識別和評估機制;設計和推廣全球統一的銀行經營環境形象,形成品牌效應;根據市場需求,建立標準化和差異化的服務手段。

(二) 風險管理文化的執行

(1) 通過管理者的倡導來推進風險管理文化。領導重視是推進風險管理文化建設的先決條件。從文化經營角度看,銀行高級管理層的使命就是創建並推行企業文化。各級管理人員首先要在其經營思想中形成正確的風險管理文化理念和風險管理價值觀,通過對風險價值觀念的提煉和風險管理文化建設方案的策劃,為銀行風險管理文化的構建指明方向。

各級領導的思路不僅要轉為政策和語言,更要轉化為實際行動,一方面要嚴於律己,身體力行,通過自己的行為、態度、語言及非語言信號來踐行風險管理文化;另一方面要培養和塑造風險管理的模範人物,宣傳報導模範人物的先進事跡,通過這兩方面的榜樣示範作用來推進風險管理文化

建設。

（2）通過管理者與執行者的互動來傳導風險管理文化。營造風險管理文化，不但需要管理決策層的積極倡導與策劃，更要求每個機構的每位員工牢固樹立風險意識，積極防範和控制業務風險。從管理者到執行者，要通過有效的推行與傳播，努力轉變員工的思想觀念和行為模式，促進員工對全面風險管理的認知感、認同感和責任感，最終實現風險管理文化三個層面的有機銜接。把風險管理目標、風險管理理念和風險管理習慣滲透於每個部門、每個崗位和每個工作環節，並內化為每位員工的職業態度和自覺行為，力求最大限度地發揮各級員工在風險管理方面的主動性、積極性和創造性，在整個銀行形成一種良好的風險管理文化氛圍，形成一種風險防範與控制的道德評價和職業環境。

建立順暢的溝通渠道，保證商業銀行高管層對整個風險文化的設計、構思傳達到一定的廣度和深度。一是自上而下的溝通，確保風險指令傳達的及時性，避免或解決溝通中的干擾和失真問題。二是自下而上的溝通，確保員工意見及時反饋到高管層，使風險管理文化得到員工的理解和認同。三是員工之間的溝通，通過各種群體性的宣傳、培訓、比賽、檢測等活動，在群體互動中塑造每位員工的風險管理行為習慣、行為品質、行為風尚。

（3）通過科學的激勵約束機制來塑造風險管理文化。建立起一套有利於專家型人才脫穎而出的激勵約束機制。加強職業生涯規劃的輔導，建立起透明、公開的人才選拔機制。專家序列要更突出專業專注的特點，每一類別下的等級一定

第七章　風險管理文化

要合理，標準一定要清晰具體，尤其是專業素質的要求，一定要緊扣商業銀行風險管理的特點，進行必要的細化和量化。同時，要在使用中不斷地培訓，提升專家的層次，使其不斷適應更高、更重要的新的職位，從而不斷增進其成就感和歸屬感。

要在對銀行各類風險深入研究的基礎上，形成系統科學的風險控制與獎懲制度，一方面讓每一位員工認識到自身的工作崗位上可能存在的危險，時刻警覺，形成防範風險的第一道屏障；另一方面，為員工提供能滿足其對企業回報預期的資源或支持，創造良好的工作氛圍，提升員工的投入程度。通過構建有利於調動員工積極性的激勵約束機制，培育有利於知識型、創造型人才成長的風險管理文化，加強員工創新能力的培養，優化人力資本與銀行其他資源的配置，增進組織內部各成員的有效溝通，讓人力資本的效用最大化。

(4) 通過以人為本的經營理念來構築風險管理文化。人是創造文化的主體，又是傳承文化的載體，培育風險管理文化要貫徹以人為本的經營理念。

以人為本，首先要創造良好的工作環境，包括構築管理者與員工之間以及員工相互之間順暢的溝通渠道；確保人力資源管理制度的科學性和公平性，知人善用，用人唯賢；挖掘員工的最大潛能，鼓勵員工不斷創新工作方法，激勵其發揮聰明才智。

其次，要建立科學的專業人員任職機制，應積極推行風險經理制度，建立和完善風險經理的任職資格、工作職責、業績評價和考核管理機制，逐步建設起一支高素質的風險管

理隊伍。

第三，要加強對員工隊伍的教育培訓，傳授風險管理理論和方法，提高員工的業務水準和專業技能，同時著力培養員工的創新能力，使員工在風險管理技能方面不斷得到強化，在風險管理意識方面不斷超越自我，緊跟國際銀行發展步伐。

（5）通過建立長效發展機制來不斷完善風險管理文化。中國銀行業在相當長的一段時間裡，普遍「重業務發展，輕風險管理」，盲目追求效益，對風險的認識不足、控制乏力，產生了大量的不良資產，也出現了很多違法、違規、違紀行為，並為此付出了沉重代價。目前，這種落後的傳統價值觀念仍然不同程度地影響了各商業銀行的改革與發展，風險管理還沒有滲透到商業銀行的每一項業務、每一個環節中，更沒有滲透進每一個人的頭腦當中，還未成為銀行經營管理當中的一種習慣。因此，中國商業銀行的風險管理文化建設不是一朝一夕就能完成的事情，也不能搞突擊式的「面子工程」，必須建立一種長效發展機制。中國商業銀行風險管理文化的長效發展機制應該是以科學發展觀為指導，進行全面的風險管理，借鑑國際一流商業銀行的實踐經驗，繼承傳統文化中健康向上、有利於銀行發展的精華，在理念、行為、物質三個層面上建立具有內在自我完善功能、在銀行持續經營中能長期發揮作用的先進風險管理文化。

參考文獻

[1] 中國銀行業從業人員資格認證辦公室. 風險管理 [M]. 北京：中國金融出版社, 2009.

[2] 巴曙松.《巴塞爾新資本協議》研究 [M]. 北京：中國金融出版社, 2003.

[3] 倪錦忠, 張建友, 聞玉璧. 現代商業銀行風險管理 [M]. 北京：中國金融出版社, 2004.

[4] 王春峰. 金融市場風險管理 [M]. 天津：天津大學出版社, 2001.

[5] 陳燕玲. 金融風險管理 [M]. 合肥：安徽大學出版社, 2008.

[6] 中國銀行業監督管理委員會. 商業銀行市場風險管理指引 [G] //中國銀行業監管法規匯編. 北京：法律出版社, 2010.

[7] 梁世棟, 等. 信用風險模型比較分析 [J]. 中國管理科學, 2002（2）.

[8] 李志鴻, 宮婧. 中國商業銀行信用風險的管理及改進建議 [J]. 西南金融, 2008（12）.

[9] 嚴太華, 程映山, 李傳昭. 商業銀行信用風險量化和管理模型的應用分析 [J]. 重慶大學學報, 2007（7）.

[10] 張德棟. 次貸危機及對商業銀行信用風險管理的

啟示［J］．經濟師，2008（10）．

［11］崔佳，王涵生．銀行信用風險管理及啟示［J］．金融理論與實踐，2008（4）．

［12］鄭良芳．銀行業信用風險有效管理的分析［J］．經濟與金融，2008（7）．

［13］楊軍．銀行信用風險——理論、模型和實證分析［M］．北京：中國財政經濟出版社，2004．

［14］田宏偉，張維．商業銀行信用風險［M］．北京：商務印書館，2002．

［15］劉曉星．現代信用風險計量模型比較研究［J］．廣東商學院學報，2006（2）．

［16］中國銀行業監督管理委員會．商業銀行市場風險資本計量內部模型法監管指引［G］//中國銀行業監管法規匯編．北京：法律出版社，2010．

［17］戴科，彭智．商業銀行市場風險管理中的 VaR 模型［J］．價值工程，2005（8）．

［18］孫良斌．VaR 模型及其在中國商業銀行利率風險管理上的應用［J］．財經界，2006（6）．

［19］韓軍．現代商業銀行市場風險管理理論與實務［M］．北京：中國金融出版社，2006．

［20］周大慶，等．風險管理前沿［M］．北京：中國人民大學出版社，2003．

［21］中國銀行業監督管理委員會．商業銀行操作風險管理指引［G］//中國銀行業監管法規匯編．北京：法律出版社，2010．

［22］張吉光．商業銀行操作風險識別與管理［M］．北京：中國人民大學出版社，2005．

［23］厲吉斌．商業銀行操作風險管理［M］．上海：上海財經大學出版社，2008．

［24］樊欣，楊曉光．操作風險度量：國內兩家股份制商業銀行的實證分析［J］．系統工程，2004（5）．

［25］張磊，邵玲．當前中國商業銀行操作風險度量研究［J］．當代財經，2008（9）．

［26］田玲，蔡秋杰．中國商業銀行操作風險度量模型的選擇與應用［J］．中國軟科學，2003（8）．

［27］劉桂榮，趙妍．基於收入模型的商業銀行操作風險的實證分析［J］．華東理工大學學報：社會科學版，2008（3）．

［28］劉睿，李金迎．基於股票收益的操作風險資本估計——自上而下方法［J］．管理科學，2008（6）．

［29］汪俊鵬．基於收入模型的商業銀行操作風險實證研究［J］．當代經濟，2007（11）．

［30］張學陶，童晶．商業銀行操作風險實證分析與風險資本計量［J］．財經理論與實踐，2006（3）．

［31］中國銀行業監督管理委員會．商業銀行流動性風險管理指引［G］//中國銀行業監管法規彙編．北京：法律出版社，2010．

［32］李洪斌．商業銀行流動性風險管理［M］．長沙：湖南人民出版社，2007．

［33］中國銀行業監督管理委員會．中國銀行業實施新資

本協議指導意見［G］//中國銀行業監管法規匯編. 北京：法律出版社，2010.

［34］李琦，歐陽謙. 商業銀行的流動性管理與資金使用效率［J］. 中國金融，2004（18）.

［35］聶泉，胡志浩. 商業銀行流動性風險管理［J］. 銀行家，2008（7）.

［36］郭少杰，楊潔. 中國商業銀行流動性風險管理［J］. 黑龍江對外經貿，2006（10）.

［37］劉曉星，王健. 基於 VaR 的銀行流動性風險管理［J］. 現代金融，2006（1）.

［38］潘科峰. 開放形勢下的商業銀行流動性風險管理［J］. 世界經濟情況，2007（4）.

［39］中國銀行業監督管理委員會. 商業銀行銀行帳戶利率風險管理指引［G］//中國銀行業監管法規匯編. 北京：法律出版社，2010.

［40］左曉慧，查靜. 論中國商業銀行利率風險管理［J］. 經濟問題，2005（7）.

［41］中國銀行業監督管理委員會. 商業銀行聲譽風險管理指引［G］//中國銀行業監管法規匯編. 北京：法律出版社，2010.

國家圖書館出版品預行編目（CIP）資料

中國農村合作金融機構全面風險管理 / 周脈伏, 周蘭 編著. -- 第一版.
-- 臺北市：財經錢線文化發行：崧博, 2019.12
　　面；　公分
POD版

ISBN 978-957-735-954-4(平裝)

1.金融業 2.金融管理 3.風險管理 4.中國

561.7　　　　　　　　　　　　　　　　　108018087

書　　名：中國農村合作金融機構全面風險管理
作　　者：周脈伏、周蘭 編著
發 行 人：黃振庭
出 版 者：崧博出版事業有限公司
發 行 者：財經錢線文化事業有限公司
E - m a i l：sonbookservice@gmail.com
粉絲頁：　　　　　　網　址：
地　　址：台北市中正區重慶南路一段六十一號八樓 815 室
8F.-815, No.61, Sec. 1, Chongqing S. Rd., Zhongzheng Dist., Taipei City 100, Taiwan (R.O.C.)
電　　話：(02)2370-3310　傳　真：(02) 2388-1990
總 經 銷：紅螞蟻圖書有限公司
地　　址：台北市內湖區舊宗路二段 121 巷 19 號
電　　話:02-2795-3656 傳真:02-2795-4100　　網址：
印　　刷：京峯彩色印刷有限公司（京峰數位）

　　本書版權為西南財經大學出版社所有授權崧博出版事業股份有限公司獨家發行電子書及繁體書繁體字版。若有其他相關權利及授權需求請與本公司聯繫。

定　　價：400 元
發行日期：2019 年 12 月第一版
◎ 本書以 POD 印製發行